明代の遊郭事情　風月機関

小川陽一　著

汲古書院

はしがき

中国では古くから、妓女や遊郭が、文学作品——小説・戯曲・詩歌・笑話など——の登場人物や物語の舞台として用いられてきた。唐代では白行簡の「李娃伝」、蔣防の「霍小玉伝」がよく知られているし、張鷟の「遊仙窟」もまた遊郭を念頭に置いて構想されたとされる。これ以後、時代とともに、一層多用されるようになり、物語世界も変化した。

明・清時代になると、登場人物は官僚やその子弟と高級妓女という従来型のほかに、在野の知識人や商人・職人などと高級妓女や田舎芸者という型も多く見られるようになった。笑笑生の『金瓶梅』や馮夢龍・凌濛初の『三言二拍』の売油郎の話などは、その代表的な例といえよう。

このような妓女や遊郭とかかわる文学作品の産出とその変容は、背景となった社会状況から切り離して理解することはできない。科挙の受験生や官僚の子弟と高級妓女という物語構造は、宋代における科挙制度の確立や進士への憧憬と不可分であろうし、商人と妓女という物語構造は、明代の商業活動の隆盛とかかわるものであろう。だから妓女・遊郭を扱った文学作品の理解には、科挙の受験生や商人についての知識が必要になることはいうまでもない。

同時に、妓女や遊郭そのものについての知識もまた不可欠である。妓女と嫖客との関係は、性の売買とそれを越えた情愛という相反する要素に支配されやすい世界であるから、経済効率のみに支配される遊郭の仕組みと、経済効率のみで律しきれない妓女の精神の理解が必要になる。

古来、中国には妓女の伝記や評判記の類が種々作られてきた。唐・孫棨の『北里志』、元・黄雪蓑の『青楼集』、明末清初・余懐の『板橋雑記』などがそれである。清末の虫天子（王文濡）が編纂した『香艶叢書』二十集八十巻には、古今の妓女およびその周辺の女性に関する多様な文献が、三百余種収められている。しかしこれらの資料からは、名妓・花魁について、容姿の美しさ、歌舞音曲の妙技、詩文の異才は知ることが出来ても、やりて婆の巧妙さ、場末の妓女の悲惨さ、遊冶郎の愚かさは見えてこない。

しかし明清の小説・戯曲・詩歌（とくに散曲や民歌）・笑話などには、それを克明に読みとることの出来る記述が散見する。だが小説も戯曲も詩歌も笑話も、所詮は創作された娯楽読み物である。描かれた遊郭や妓女の姿が、文学的真実ではあっても、そのまま社会史的な事実とすることは、ためらわれる。

文学作品を離れて、明清の遊郭や妓女の実状を知る手がかりがないのか。文学作品のなかの遊郭や妓女の姿の事実性を保証する資料がないものか。旧中国の知識人は、その方面の関心は希薄だったようで、管見の限りでは、わずかに無名氏の『風月機関』と沈弘宇の『嫖賭機関』しか見あたらない。というか、これこそが遊郭の仕掛や妓女の素顔を知らしめる希有の資料というべきものではないか。しかもこの二書とも、これまで中国でも日本でも、研究資料として取り上げられることのなかったもので、逸品というべきであろう。

『風月機関』は明の嘉靖年間（一五二二〜六六）の晁瑮・東呉父子の蔵書目録『晁氏宝文堂書目』に記されているから、明の後半期には存在していた。『嫖賭機関』の成立時期については、清代かと推測される以外には分からない。『嫖賭機関』は東京大学東洋文化研究所に抄本が一部、台湾の中央研究院歴史語言研究所に刊本が一部残されているだけだが、『風月機関』は明末の日用類書の多くに収載されているし、李贄編纂・屠隆参閲の『開巻一笑集』にも収められており、広く知られたものらしい。なお、『嫖賭機関』には注が付されていないが、『風月機関』には注が付されていて、読みやすい。

このような訳で、まず『風月機関』の訳注を試みた。だがいかんせん、二書とも江南の人の手になって、その地方の言葉が多いためか、難解な箇所が多く、不正確な訳や誤訳が少なくないと懸念される。識者の御批正を乞うものである。

目 次

凡　例

一、本書は明代の日用類書に収められる『風月機関』と、『開巻一笑集』巻二所収の「娼妓述」「娼妓賦」の日本語訳である。前編に現代語訳、後編にその原文（影印とその翻字）を収めた。
二、底本には、『風月機関』は東京大学東洋文化研究所蔵本（『中国日用類書集成』（汲古書院）第四冊『三台万用正宗』巻二十一所収）を、「娼妓述」「娼妓賦」には『開巻一笑集』所収本を用いた。『三台万用正宗』本では『青楼規範』となっているが、一般的に『風月機関』の名が用いられているので、本訳書でも『風月機関』とした。
三、底本に不鮮明箇所や欠落があったり、文意難解などの場合には、適宜他のテキストによって補い、その旨を注記した。
四、原文には、通し番号が施されていないが、原文・訳文の冒頭に施した。
五、原文には、章や節による分類も、見出しも施されていないが、訳文を適当に節に分け、見出しを施した。原本はそのような構成になっていないので、これには無理があるが、あくまで便宜的な仮のものに過ぎない。
六、内容が遊郭事情なので、翻訳にはその方面の用語を用いるのがふさわしかろうが、訳者にその能力が欠けていることもあって、果せなかった。できるだけ平易な現代語訳を心がけた。
七、原文の同一用語が、場所によって異なった訳語になっている場合も少なくない。文脈やことばの調子による場合もあるが、必ずしも厳密なものではない。
八、訳文中の丸括弧のなかは、訳者による文字の訂正、説明、言い換え、補足などである。
九、明清の小説・戯曲・詩歌・笑話には、施注に好都合な用語例や話柄が非常に多いが、敢えてこれらを指摘したり、利用したりすることは避けた。後日、その小説・戯曲・詩歌・笑話を読むためにこそ、この『風月機関』を利用したいと考えているからである。
一〇、原則として訳文には略体字、原文には正体字を用いた。
一一、文献資料の正式書名・所収巻数、所在等

『五車抜錦』：『新鍥全補天下四民利用便観五車抜錦』巻三十、東京大学東洋文化研究所、『中国日用類書集成』（汲古書院）第二冊所収
『三台万用正宗』：『新刻天下四民便覧三台萬用正宗』巻二十一、東京大学東洋文化研究所、『中国日用類書集成』（汲古書院）第四冊所収
『万書淵海』：『新全補士民備覧便用文林彙錦萬書淵海』巻三十六、前田育徳会尊経閣文庫、『中国日用類書集成』（汲古書院）第七冊所収
『五車万宝全書』：『新刻搜羅五車合併萬寶全書』巻十、宮内庁書陵部、『中国日用類書集成』（汲古書院）第八冊所収
『万用正宗不求人』：『鼎鋟崇文閣彙纂士民萬用正宗不求人全編』巻三十六、陽明文庫、『中国日用類書集成』（汲古書院）第十一冊所収
『妙錦万宝全書』：『新板全補天下便用文林妙錦萬寶全書』巻三十四、建仁寺両足院、『中国日用類書集成』（汲古書院）第十四冊所収
『文林聚宝』：『新鍥燕臺校正天下通行文林聚寶萬巻星羅』巻三十一、名古屋市蓬左文庫蔵
『学海群玉』：『新刊翰苑廣記補訂四民捷用學海群玉』巻三十五、大谷大学図書館林山文庫蔵
『万書萃錦』：『新刻四民便覧萬書萃錦』巻二十九、智積院運敞蔵
『一事不求人』：『新鐫群書摘要士民便用一事不求人』巻十九、京都大学附属図書館谷村文庫蔵
明李贄編集・明屠隆参閲『開巻一笑集』巻二、金陵游客「娼妓述」、無名氏「娼妓賦」、柳浪館主人「風月機関」：国立公文書館内閣文庫蔵
明李卓吾先生編・日本張鹿鳴野人訳、宝暦五年乙亥初春浪華逸民巣庵主人識、和刻本『開巻一笑（山中一夕話）』巻二：東北大学附属図書館狩野文庫蔵
明（？）沈弘宇『嫖賭機関』：抄本、東京大学東洋文化研究所蔵
明朱元亮輯・明張夢徵彙選『青樓韻語』：民国三年、上海 同永印局

明代の遊郭事情　風月機関

前編—訳文

訳文一　風月機関

一　遊郭総論

【一】男女は性別で異なっていても、愛欲があることでは同じである。男は女の容貌の美を貪り、女は男の徳性の賢を慕うもの。

〔原注〕男女は身体的には異なっていても、本性的に愛欲があることでは同じである。男子は女人の顔色の美を貪り、女人は男子の徳性の賢を慕う。

【二】鴇子《ほうし》は家を創立し、威力で佳人を脅かして、巧妙な計略を弄する。撅丁《けってい》は金を愛し、勢力で女子をいじめて、姦心を弄する。

〔原注〕鴇とは深山・水中に住む鳥の名である。形は鶏に類し、足がやや長い。性格はとりわけ淫らで、他の鳥どもがこれと交わる。七十鳥と書くので、妓女の母にたとえられた。撅丁とは五慵のことである。五慵とは、仁義礼智信において慵懶（懶惰）である、ということ。別名を忘八という。孝悌忠信礼儀廉恥を忘却したということだ。またの名を烏亀・烏帰ともいう。白昼人に顔を合わせるのを恥じて、外出すると暗くなってから帰宅することに由来する。また一説によると烏亀（かめ）は雌と交わることができず、交わろうとすると雄を咬んでしまうので、雄蛇の巣窟で呼び

続けて、出てきた雄蛇と交わるという。撅丁は基づくところが分からないので、強いて解釈はしない。妓を十奴と書くのは、奴に劣ること十倍という意味である。別名を猱日《じゅうたん》といい、虎にかゆいところを掻いてやることができるが、虎が死んでも気が付かないで掻き続けることから、ひそかに人を害する意味にも使う。また粉頭ともいうのは、脂粉を顔に塗るからである。子弟は人の子とか人の弟の意味で、女郎買いは少年の所為なので、このようにいう。女と男の交際には真情があるもの。鴇子は家を創立し、撅丁は金を求めるので、威力で妓女をおどかし、巧妙な計略を弄するというのである。

〔訳者注〕明・謝肇淛『五雑組』巻八人部四「淫」に、「今の人は、妻が外の男と密通した場合、その夫のことを烏《う》亀《き》とよんでいる。おそらく亀は交わることができず、牝をはなって蛇と交わらせるからである」（岩城秀夫訳、平凡社、東洋文庫623）。

【三】その上、尋常の識見はみな縄準に従っているが、遊郭の奇怪・巧妙な機関（からくり）は、筌締（常のやりかた）をはずれている。

〔原注〕縄準とは規矩・縄準のことで、筌締とは魚を捕獲する筌と、兎を捕獲する締のこと。尋常の識見は規矩の範囲内だが、奇怪・巧妙な遊郭の機関は筌締をはずれているので、外部のものには察知できない。

【四】だから、籌（はかりごと）を巡らさかったら、必ずや設けられた網にかかってしまう。

〔原注〕運籌とは大将が兵を動かすときに、本営で作戦計画を巡らして、千里の外で勝負を決すること。設けられた網とは、猟師が網を張って鳥や獣を待ち受けること。もし籌を巡らして敵の動きを推測して対応しなかったら、必ず

その網にかかってしまう。

【五】情を惹くことが寝る前に必要である。物を与えるには求められてからでは遅い。

〔原注〕遊郭では情が先で、軍隊では訓練が重要である。情が調っていないのに体を求めても、大軍が訓練不足のまま大敵に臨むようなもので、失敗するに決まっている。女郎買いして物を与えるのは、魚に餌をやるようなものである。やらなかったらよそへ行ってしまう。妓女は物をねだって与えてもらえなかったら、別の客にねだるから、後で与えても無駄である。

二　遊びかた総論

【六】花柳界の遊びを始めたら、老成が重要である。遊郭に遊び慣れたものでも、これをよくよく心に留めておくように。

〔原注〕芸者遊びを始めた人は、老成が必要で、そうすれば狡猾な芸者も軽蔑しない。遊郭の客となって久しいものでも、若者のまねをしてへらへらしゃべりまくったら、妓家で軽薄野郎とみなされる。

〔訳者注〕この条は『開巻一笑集』本には、本文・注とも収められていない。

【七】真心からだと思ったら、きっとだまされる。

〔原注〕妓女は色で人に仕え、情で取り入り、色で仕えることを基本とし、情で取り入るのを些末とする。これもま

たその経営方法なのだ。それなのに、愚かなお方は理解せず、真心からだと思い込み、わなにはまってしまう。だから、〝真心からだと思ったら、きっとだまされる〟というのである。

〔訳者注〕『嫖賭機関』上巻「総括西江月八律」の第八首「嫖休認真」に、「芸者遊びは楽しむだけだ、本気になったらひどい目に遭う。臨機応変かつ曖昧に、黒と白とをはっきりするな。深い浅いに違いはないし、真にも仮にも根拠がない。客は千百、情ただひとつ。そのただ一人がおれなものか」（嫖要只好適興、着意便受坎坷。隨機應變且模糊、不必分青理白。厚薄原無分寸、眞假有甚憑何。接客百千情一箇、怎見其中是我）とある。

【八】なれそめの妓女には、馴染みの妓女の悪口を言うな。言えばなれそめの妓女に疑われる。年増の妓女と遊んだら、若い妓女の幼いのをかわいがるな。かわいがったら年増の妓女を失望させる。

〔原注〕知り合ったばかりの女に、古い馴染みの得失を言うな。言えば新しい女に疑われる。梅聖俞の詩に、「あひるを打つな、あひるを打てば鴛鴦《おしどり》が驚いて飛び去る」というのは、これである。年増の芸妓と遊ぶ気があるなら、若い妓女をかわいがってはいけない。二者並び立たないのだから。かわいがると年増の妓女を失望させる。

〔訳者注〕『青楼韻語』注には、「前船は後船の眼だから、疑いが生じやすい。老いは妓女のとりわけ忌むものだから、老妓には客が若者をかわいがることは、ひどく堪えられないことなのである」（前船就是後船眼、故疑易生、老者妓所最忌、對老憐少、不堪之甚）とあるが、よく分からない。梅聖俞（北宋の梅堯臣の字）の「あひるを打つな」の詩がここに引かれるのも分からない。『二刻拍案驚奇』巻九の入話にも、「あひるを打てばおしどり驚き、分かれて飛んで別方向。生まれたときからつがいの定め、並んで飛べよ一列に」（打鴨驚鴛鴦、分飛各異方。天生應匹耦、羅列自成行）とある。

【九】痛酒（大酒）は飲むなかれ、寡醋（薄い酢）は味わうをやめよ。

〔原注〕酒はだれでも飲むものだが、酔い過ぎてはいけない。酔えば礼が失われ本性が乱され、ベッドに嘔吐し、嫌われてしまう。たいてい妓女と寝る場合には、枕席の間にむつみ合う（?）ものだが、泥酔していたら、それができない。醋については注の根拠がない（?）が、昔は争姦（未詳）を妬といい、今は俗に醋という。食醋之心（嫉妬心）は誰にもあるものだが、その濃度が大事だ。味の濃い料理には、醋が濃くなければ味がない。薄い味の料理には、濃い醋ということになる（が薄い醋ではいただけない）。

〔訳者注〕『青楼韻語』注に、「痛飲すれば泥酔して支えきれず、嘔吐（?）していやらしい。嫉妬も魅力的だが、希薄な嫉妬では味がなく、厚かましいというものだ」（痛飲者、爛醉不支、淋漓可厭。吃醋亦趣事、但寡則無味、豈不臉膩）とある。嫉妬は深い仲でこそ味があるという。原注の意味が分かりにくいが、嫉妬について述べているようである。今でも嫉妬することを「吃醋」という。醋は酢の別字。

【一〇】こちらが妓女を持ちこたえるようにして、妓女にこちらを見捨てさせるな。

〔原注〕妓女との仲が疎遠になってきたと感じられ、長続きできないと思ったら、必ず持ちこたえる方策を立てれば、見捨てられる目にあわない。

【一一】最初から情が厚いのは決して本心ではない。だんだん濃くなってこそ実意である。

〔原注〕この二句は人情の常である。解釈を待つまでもなく自明のことだ。ところが溺愛の徒には、常に「おれは某妓と一～二度寝ただけで、すぐに馴染みになった」というのがいるが、全くお笑いぐさだ。

【一二】妓女の心を買いたければ、まず好むものを与えよ。

〔原注〕妓女と寝るのは容易だが、心まで買うのは困難である。妓女が好むものを好きになり、嫌がるものを嫌ってやればよい。欲張りには財貨で贈り物をし、色好みには淫欲で動かし、耳目に心惹かれるものには詩歌をもってし、気ままを好むものには自由にさせてやれ。そうすればどんな妓女の心でも買うことができる。

〔訳者注〕『青楼韻語』注に、「好色・好貨・好詩・好酒など種々の好みのものを、できる程度に与えよ。そうすれば心が買えない恐れはない」（好色好貨好詩好酒、具諸種種好尚、須量自己力量投之、何患心不可買）。

【一三】至誠で黙者を感ぜしめ、跳動（歌い踊る）で狂者を動かせ。

〔原注〕黙して語らないのは老成の妓女だから、こちらもきちんと静かに坐して、妄りに発言せずに、至誠で接して感動させせよ。騒ぐのは年若い妓女だから、こちらも風を迎える柳のように、日に向かう桃のごとく、歌い踊って同調せよ。〝物は類をもって集まる〟というのは名言である。

〔訳者注〕『青楼韻語』注に、「〝これもまた好むものを与えよ〟の一端である。相互に情性が一致してこそ、心を動かすことができる」（此亦所好之一端也。彼此情性相投、方能感動）。『周易』繋辞上伝に、「方は類を以て聚まり、物は群を以て分かる」。

【一四】酒好きの妓女とは、ともに酒を酌み交わせ。詩歌をたしなむ妓女には、杜甫の才を多く談じよ。

〔原注〕酒好きの妓女とは、酒杯の応酬をし、詩をわきまえた妓女とは、詩歌を唱和せよ。これもまた好むものを与

えることである。

【一五】その上、言葉遣いはその場にふさわしくし、大声を張り上げて妓女の気にふれることのないようにせよ。

〔原注〕芸者遊びをしているときには、言葉遣いはその場にふさわしいようにし、大声を張り上げて、妓女の気にふれることをしてはいけない。

〔訳者注〕この条は本文・注ともに底本にはない。『五車抜錦』本、『万用正宗不求人』本、『妙錦万宝全書』本などによった。

【一六】色黒の妓女と居るときには、色白の妓女の美しさを言うな。貧乏な妓女には、金持ちの妓女の盛大さを誇るな。

〔原注〕色黒の妓女と居るときには、別の妓女の白いのを口にして、色黒の妓女を恥ずかしがらせるな。貧乏な妓女に金持ちの妓女の盛大さを誇って、貧乏な妓女の顔を赤くさせるな。

三　妓女の性情

【一七】大家（高級妓家）の作法には、おのずと違いがある。科子（私娼）の所作には、やはり差がある。

〔原注〕紅袖を両手で持ち上げ言葉なく、湘裙（湖南省産のスカート）垂らして（？）、無言のまま。これが高級芸妓の作法である。歩かぬうちからスカートの裾が開き、坐ったとたんに靴を脱ぐ。これが私娼の所作である。

〔訳者注〕『嫖賭機関』上巻「機関条目一百八」に、「挙止端詳なるは、おのずから大家の立派な作法。軽浮浅陋なるは、畢竟科子の所作。〔注〕尊厳ありて典雅、豊かな態度は人に愛され、軽薄にして支調（未詳）、私娼の習俗は深く嫌われる」（擧止端詳、自是大家豐範。輕浮淺陋、畢竟科子形（行?）藏。〔注〕尊重典雅、豐度令人可愛。輕重支調、科俗使人深厭）。『青楼韻語』注に、「居所が気性を変え、養育が形態を変える。一目で龍か蛇か分かる」（居移氣、養移體。一見便決龍蛇矣）。

【一八】駑馬の群でも出会ったら、その中にも必ず良馬がいるものだ。はまぐりでも輝きを発していたら、その中にもきっと珍珠が含まれているものだ。

〔原注〕駑馬とは下等な馬のこと、騏驥とは良馬のことである。蚌蛤（はまぐり）とは水虫のこと、貝珠は珍宝である。下馬の群に出会ったら、その中に必ず良馬の徳をもったものがいるものだ。はまぐりでも輝きを発していたら、必ず珍宝が含まれているものだ。下賤な妓女が上等な客に出会ったときでも、取り柄が必ずあるものだから、悪口をいう必要がない、ということのたとえである。

【一九】気の合った客なら、何を言っても許される。気にくわない客だと、うっかりした失言でも口をきいてもらえなくなる。

〔原注〕男女は互いに情の一字だけで繋がっているのだから、確かに気のあった客なら無意識に逆らっても許される。だが気にくわない客だったら、失言でも口をきいてもらえなくなる。

【二〇】事物を敬愛してその人に思いを馳せ、事物を見てその人に思いを致す。

〔原注〕愛人の書簡を珍重して繰り返し読んでは封をするのが、事物を敬愛してその人に思いを馳せるということである。枕元に残された針と糸を取り上げて涙が流れて乾かないのが、事物を見てその人に思いを致すということである。

〔訳者注〕原注は『五車万宝全書』本によった。この条は『開巻一笑集』本には、本文・注とも収められていない。


【二一】靴を盗んでそしりを招き、ハンカチを切り裂き情を表される。

〔原注〕妓女の家へ行ってまだ深い仲でないのに、靴を袖に隠して盗んだら、妓家から悪口を言われるに決まっている。ハンカチを切り裂くというのは、二人の情が深くなり、愛の証を求めて、ハンカチを二つに切り裂き、片方ずつ保管して情を表すことだ。

〔訳者注〕原注は『妙錦万宝全書』本によった。原文「有等好動之人」の句難解。『嫖賭機関』上巻「姉妹二十四婪法」の第十に、「このハンカチは、わたしの手製、あなたに贈り、証とします。華美ではないが、血書があります。〝物を見て人を思う〟と申します、どうかお捨てにならないで。〔注〕鶏の血で書いたのでなければよいが」（這幅汗巾、妾親手製。將來贈君、留爲表記。雖不華美、上有血字。睹物思人、幸勿輕棄。〔注〕只怕是鷄血染成）。同「姉妹送汗巾」に、「一枚の絹のハンカチに万感こめて、心は千里たれにか説かん。慇懃に書いてあなたに贈る、〝物を見て人を思う〟別れを軽んずることなかれ。腰に結び、袖に畳み、わたしもあなたのお側で熱い思い。点々たるは涙の痕、赤黒いのは指の血」（一幅絲羅情萬結、寸心千里和誰說。慇懃寫以贈君子、覩物思人休輕別。腰間束、袖中摺、妾亦隨君傍親熱。斑斑點點是淚痕、漬漬濃濃指上血）

【二二】何度聞いても口をきかないのは、気持ちが離れているから。呼んだらすぐに反応するのは、情愛がぴったりしているから。

〔原注〕再三尋ねて一つも答えがないのは、気持ちが離れているからだ。呼ぼうとしてまだ声にならないのに、すぐに応じるのは、情愛がぴったりしているからだ。

【二三】膠漆《こうしつ》の固い仲でも、言葉の行き違いはあるものだから、責めてはいけない。雲萍の偶然の仲ならば、礼を失することがあっても、怒ってはいけない。

〔原注〕昔、陳重と雷義とは友情が厚かったので、時人は〝膠《にかわ》と漆《うるし》で固めた仲〟と称した。情人との仲が深くなったら、少しぐらい言葉の行き違いがあっても、責めてはいけないということ。雲や浮き草の集散は、常ならざるもの、行きずりの人にたとえる。その情は疎遠に決まっているから、礼を失することがあっても、責めるには及ばない。

〔訳者注〕後漢の陳雷と雷義は友情が厚かった。『蒙求』に「陳雷膠漆、范張鶏黍」とある。

【二四】憎んでいたのに好きになったり、悪口が長引いて仲が悪くなったり。

〔原注〕憎は嫌の意味である。いつもは嫌いだったのに、なにかの時にちょっとしたいいことがあってつきあい始めたら、深い仲になってしまったという妓女がいる。訕《せん》とは悪口を言う意味である。情人同士がたった一言で、悪口を言い合うことがある。趣を知るものなら少しでも和解に努めよ。さもないと悪口が長引き、反目しあうようになる。

【二五】物事を行うのに、派手にしすぎると、そのことのために侮られる。かといって倹約に心がけると、そのことのためにうまい汁を吸われる。

〔原注〕これこそが妓家の嫖客に迎合するやりかたである。概して、女郎買いをするには、金遣いを適当にしなければならない。派手にしすぎてもいけないし、倹約しすぎてもいけない。妓女は客が派手だと見ると一層金を使わせ、倹約していると見ると節約させる。結局、そのわなから抜け出せない。

〔訳者注〕『青楼韻語』注に、「もっぱら商人の芸者遊びのために説いたものである」(専爲經紀嫖而説)。

【二六】人に会いて盛徳を誇るは常為、友に対して帰期を数えるは熟套。

〔原注〕身近の人に、情人の厚恩を感謝し、盛徳を称えるのは妓女の常の行為。情人の遠別後その友人に、お帰りの日を指折り数えるのも妓女の常套手段。これがいわゆる〝後からいい便りを託す〟というもの。

【二七】浅い関係からだんだん深くなるのは長続きし、始め重く後で軽いのは疎遠になる。

〔原注〕浅い関係からだんだん深くなるのは、必ず情が一致しているためである。始め重くて後で軽くなるのは、必ず銭の仲のためで疎遠になる。

四　妓女の心を読め

【二八】事は機に乗じ、言は節に当たるべし。

〔原注〕嫖客が歓楽を求めて、女郎買いに遊郭へ行ったら、行動は機会をとらえて行い、言葉は節（的）に当って発せられることが必要である。行動が機会に乗れず、機を逸しては無駄になり、言葉が節に当たらなかったら、妄談になってしまう。

【二九】多く酒を置くこそひとえによろし、茶に侍らざるを咎むるなかれ。

〔原注〕酒色の二事は常にセットである。酒を飲まない嫖客など聞いたことがない。たとえば返礼の宴席、誕生の一か月の祝い、歓迎・送別、月見・花見などにも、厭くことなく繰り返して酒が出される。妓家では歓送迎会がとりわけ多い。茶を飲む席に妓女は侍らないのが常例である。

〔訳者注〕『青楼韻語』注に、「妓家では酒だけが宜（宜しい・ふさわしい）で、朝朝暮暮、しばらくも下げられることがなく、茶の席には侍らないというのが旧例で、咎めるに当たらない」（妓家惟酒爲宜、朝朝暮暮、不可暫徹。不陪茶是其舊例也。何足怪）。

【三〇】しげしげと通うのはかまわないが、長居はするな。物をねだられて応じてやるのはよいが、債務のことには口を出すな。

〔原注〕暇なときに妓家に友人と茶を求め、一軒一軒尋ね歩くのを俗に串門子《せんもんし》という。大抵は世間話をするだけだが、長居して商売の邪魔をしてはいけない。面と向かって苦情は言わなくても、陰で恨みを言う。やり手婆は、嫖客が妓女と次第に熱くなってきたのを見ると、物をねだらせるが、これを俗に派差《はさ》という。嫖客としては承諾してやるがよい。そうでないと体面を失う。妓家では債務が多いものだが、債権者の来訪に出くわしたら、気づかぬふりをせよ。

詳しく尋ねたら必ず泣きつかれて、代理返済を引き受けてやらないと、気まずくなる。

〔訳者注〕『嫖賭機関』上巻「機関条目一百八」に、「派差に応じないと、小器とされる。求めに応じてやれば、責めが果たせる。〔注〕派差は善意からではないが、全て拒否するのもよくない。求めを量って応じてやれば、多額でなくても、求めに応じられる」（派差不應、忒煞小器。量而答之、可以塞白。〔注〕派差非好意、不可全不應。量答雖不多、不負其求）。

【三一】挙止が軽盈《けいえい》なのは、一生媚びを売る。行蔵が温重なのは、やがて妓籍を抜ける。

〔原注〕体つきが軽盈とは、嬝娜《じょうだ》（美しい・しゃなりしゃなりしている）の形容で、語るより先に笑い、歩く前に体を揺すること。このような妓女は、最後まで媚びを売る。行蔵穏重とは何をするにも端正で、言笑にも歯や唇を露出しないこと。花柳界に身を落としても、やがて必ず従良（身請けされること）する。

【三二】なれそめは色に惹かれ、久しくして心に惹かれる。困窮の妓女は財貨を慕い、売れっ子の妓女は美男を慕う。

〔原注〕なれそめは、妓女の色に惹かれて心には惹かれない。交わりが久しくなると、心に惹かれて色でなくなる。妓女が困窮しているときには、弊衣粗食で、財貨だけを慕う。余裕ができると、珠翠・綺羅を身にまとい、美男だけを慕う。

【三三】情は貌を求めず、色は人を選ぶ。情を重んじる人は、嫫母《ぼぼ》とも同居できる。色を重んじる人は、西施であってこそ一緒に暮らせる。

【原注】嫫母は黄帝の妃で、人徳に優れていて容貌は醜かったが、黄帝はこれを愛した。西施は春秋時代の美貌の婦人である。

【三四】「明朝いらして」と言ったら、今夜客があると知れ。「昨夜は?」と聞いたら、きっぱり「誰とも」と答えよ。

〔原注〕嫖客に「明日会いにいらして」と言ったら、今日客があると知れ。「昨夜は誰のところにお泊まり?」と聞いたら、きっぱりと「誰のところにも」と答えよ。

〔訳者注〕『青楼韻語』注に、「首句はおとくいを失うのを恐れるから。次句は嫉妬を防ぐため」（首句恐失了主顧。次句防吃醋也）。

五　妓女対客十箇条

【三五】走・死・哭・嫁・守は、たとえにせだとしても易しいこととは言えない。抓・打・剪・刺・焼は、たとえうそだとしても実際は困難である。

〔原注〕妓女が嫖客のためのにする条目に十箇条ある。走・死・哭・嫁・守・抓・打・剪・刺・焼である。

走には情走と計走とがある。情走は嫖客と深い仲になって、送り迎えがおっくうになり、やり手婆に叩かれ罵られ、親方（妓家の主人）に陵辱され、粗大な道具を放棄して、宝石・衣服を取りまとめて、嫖客とよその土地へ逃げること。計走は客の軟弱につけこんで、わなを仕掛け、情があるかのようにだまして駆け落ちし、生活が安定しないうちに、やり手婆と親方が現れて、役所に訴えるとおどかし、財産を奪って終わりにするのをいう。

死には真死と口死とがある。真死は嫖客の父母が家に居て、妓女を正式に娶ることができず、やり手婆が金を要求し、親方が放さないために、嫁ぐことができず、二人ともどうしょうもなくなって、死んで一緒になろうとすること。口死は客が多いのに情がさっぱりないので、一緒に死のうと言って客の心を動かして、すこしでも打開（?）しようとして自尽すると言うこと。

哭には情哭と貪哭と被笑哭とがある。情哭は嫁すこともできず、駆け落ちもできず、長く一緒に居られないのを恐れて、悲しみ哭き続けること。貪哭は嫖客との離別に臨んで遠くまで見送り、陽関の曲（送別の歌）が終わっても、両目の涙が止まらず、賓客がなだめればなだめるほど号哭するので、どうしたらいいかと、みんなで顔を見合わせて銀子を贈ったら、やっと哭きやむこと。被笑哭は、昔のことだが、ある妓女が十里の遠くまで見送り、衣服を引いて痛哭したので、嫖客もさめざめと泣いた。そのとき郊外の牧童が二人手を打って大笑いして、「ぼくたちこの姐さんが二か月もしないうちに、ここに来て五回哭いたのを見た」と言ったということ。

嫁には真嫁と暫嫁と説嫁とがある。真嫁は嫖客が金を出し、妓女が心を入れ替え、二人が相和し、末永く夫婦になること。暫嫁は嫁ぐ前に気ままな心を入れ替え、汚れた行いを改めたが、嫁いだ後は粗食に耐えられず、放蕩も改められず、またでたらめをしかねないので、適当に追い出されてしまうこと。説嫁は嫖客の権勢が恐くて拒否できなかったり、金が多いのを見て身受けを望んだりして、口先だけで同意しながら、引き延ばして実行しないこと。ことわざに〝妓女が嫁ぐと言わなかったら、嫖客は手の出しようがない〟という。守には自守と逼守とがある。自守は嫖客との情が深く、かつての誓約を守り続け、客を取らずに門戸を閉ざして、もっぱら嫁ぐ日を待ち続けること。逼守は本心では貞節を守る気は全くないのだが、嫖客に金が多くてやり手婆を買収され、静室に移されて、一人だけを待っているもので、体は束縛されているが、心は束縛されないものである。

〔訳者注〕『青楼韻語』注に、「この五事はとりわけ人の心を動かしやすい。哭・嫁はまとわりついて解きにくいし、走・死はいっそう不名誉で、本気のときほど処理しがたい。そうなったら特段の見識を発揮して、自分の考えを貫いてこそ、網にかからないですむ」（五事最動人。哭嫁守者、纏綿牽繫、已不可解。走死更非好聲愈眞愈不可解也。子弟至此、須放一段眞識力、眞主張、方不墮網）。

抓は嫖客に腹を立てたときに、顔にひっかき傷をつけたり、うなじに愛咬のあとをつけたりして、仲間の知り合いに、「この人が約束を守らないからなの」と言うこと。これは深い仲なればこそで、浅い仲ではあり得ない。

打には訕打《せんだ》と耍打《さだ》とがある。訕打は愛しているのに裏切られたときのしぐさ。嫖客が家に入って来るなり、耳をつかんで、「毎日どうして来ないのよ。一体どこへ行ってたのさ。ぜんぶ始めから白状なさい」と、げんこつが止むと次ぎはびんた。むっとするといよいよひどくなり、笑ってなだめると収まる。耍打は深い仲にあるのではなくて、客の嫉妬を憎んだり、物をねだったのにもらえなかったり、あるいは何か思い通りにならなかったりして、打つことでその恨みをはらすこと。

剪には真剪と拒剪とがある。真剪は昔からあったことだが、今でもまねされており、頭のてっぺんの黒髪を選び、情人の歯で嚙み切らせ、美しい紐で縛って、長く愛のあかしとするもの。拒剪は焼や剪をしてくれと言っただけで、きっぱりと拒否されること。一度の焼や剪の要求で断絶してしまうこと。長い情のつきあいの仲で、そんなことをする必要はなかろう。

刺は苦肉の計とされるけれども、情を苦しめるものでもある。三本の針で打つ（？）のを画といい、五本で打つ（？）のを刺という。鮮血が出たら、墨で押さえる。口では痛くないというが、実際には激痛を受けているのである。傷痕がきれいになって、始めて筆画（文字）が本物になる。これは至情がなければ、できないことであろう。

焼は（灸ことだが）、古人は病気が膏肓に入ったときにしたが、今人は情が肺腑には入ったときに焼く。べにを壮（お灸の藻草の類）に使うと、やけどの痕が赤くなり、わら紙を使うと黒くなり、真綿を使うと白くなり、線香を使うと陥没する。よもぎを使ったら色事ではなくなって、病気治療のお灸だ。この焼に単焼・双焼・復焼・妬焼・合同焼・豆瓣焼《とうべんしょう》・鼎足焼・桌脚焼・梅花焼・全粧焼・騙焼・村焼・無情焼・万里拱月焼などがある。単焼は、男か女か、どちらか一人が焼く。双焼は、男女が相従い、彼此同心、出会ったときに、海山に変わらぬ愛を誓って、腕を並べて痛苦を共にし、壮を二つ一度に焼く。復焼は、恩愛極めて深く、一度焼いただけでは気がすまず、やけどの痕がまだ癒えないのに、再度また焼く。妬焼は、前の男と切れたのに、やけどの痕がまだ残っていて、すでに終わった仲なれど、残しておけば疑われ、もしも消してしまわないと、情の疎遠が恐れられ、古いやけどを消し去って、新たな肌をまたも焼く。合同焼きは、男は左、女は右で手を握り、二人の虎口（親指と食指の付け根の水かきのような三角形の部分）に壮を置いて、誓いを立てて、欠けた月のような形に焼く。豆瓣焼は、腕の上や胸の間に、二つのやけどの痕が、横たわった蚕のように焼く。鼎足焼は上に一つ下に二つで、珠を積み重ねたような形に焼く。卓脚焼は口の字形に四隅を焼く。梅花焼は、やけどの痕が寄り集まって、梅の花のようになる。全粧焼は壮をとりわけ多く使い、焼くときの苦痛が最大で、額に瓔珞のように、耳元に連環して、左右の手に腕輪のように、胸の前後に……（この行、原文十四字難解）、騙焼は薄情ものが（次の句四字難解）一時の過ちからするもの。村焼は、田舎ものが妓女とつきあい、妓女があまり大金を使わせ、お返しのしようがなくて、「深い仲になったのに、まだ情をお見せしてない。焼をして差し上げたいけれど、どう？」と言ったら、田舎ものが「いいね」と言うので、「お好きなところに壮を置いて」。田舎ものが脚を挙げてくるぶしを指さし、「ここに置いてくれ」。妓女がびっくりして、「どういうこと？」「おれの脚気にもお灸をすえてくれよ」。

無情焼は、壮を蜂の巣穴に差し込み、鉄磧を皮膚の上に埋め、金剛沙を塗って焼くと（この条よく分からない）、皮膚は焼けただれ損なわれて、骨が現れる。話で聞くことはできても、とても見ていられない。話のたねにする人がいるけれど、人の世のことではない。（万星拱月焼は、原文が正確には読めないが、大意は、月のまわりを多くの星がとりまいているように、中央に大きな壮を置き、そのまわりに小さな壮を配する焼き方のようである）そんなことをしたら焼け死なないか、と問う人がいるが、こんな奴らは生かしておいて何の役に立とうか。

〔原注〕抓・打は悪習である。剪・刺・焼は真情のようだが、一時の気まぐれが多い。〝百折不回（初志貫徹）〟でこそ、やっと成し遂げられる。

〔訳者注〕『嫖賭機関』上巻にも、「論焼」「論剪」「論刺」「論走」「論死」「論哭」「論嫁」「論娶」が収められているが、内容は異なっている。和刻本『開巻一笑（山中一夕話）』「風月機関」釈義に、「走―妓ノ真心ヲ示ス条目十種アリ。所謂走ハカケオチナリ。死ハ命ヲ惜シマヌナリ。哭ハ泣テミセルナリ。嫁ハ其身烟花ヲ出テ情人ニ従フナリ。守ハ大ナレバ一人ヲ守テ他人ニ接ラヌヲ云。小ナレバ自守テ情ヲ他ニウツサヌナリ。抓ハ怨ヲ発シテ敵ヲカキムシルナリ。打ハタ、クナリ。剪ハ髪キリ爪キルナリ。刺ハイレ墨スルナリ。焼ハ腕香ノコトニテ腕或ハ股ナドニ香ヲ焼キ灸スルガゴトシ。香灸トモ云。此十条ノワザヲ用ル中ニモ真偽アルベシトナリ」。

六　妓女にもてる法

【三六】小非は許すべし、小願は従うべし。小非許さざれば巨患必ず起こり、小願従わざれば大事成りがたし。

〔原注〕妓女に小非があっても許してやれ。小さな願い事があったら聞き入れてやれ。小非を許してやれないと、必ず巨大な患難が起きる。微小な願い事に従ってやれないと、大事は完成しない。

【三七】優秀な友達は一緒に行くと興趣を奪われがっかりする。余計な銭は持って行くときっとよくない目に遭う。

〔原注〕優秀な友達は連れて行かない方がよい。余計な銭は持っていくな。優秀な友達を連れて行くと、興趣が奪われる。余計な銭をもっていくと、人に出会ったときに、使いすぎてしまう。ことわざに〝俊友は伴うなかれ、余銭は帯びるなかれ〟と言うが、本当である。

【三八】田舎の客が美妓を買おうとしても、相手にされない。中等の客が下等の妓女を求めると、心から尽くしてくれる。

〔原注〕田舎の俗物が美麗な妓を求めて、銭を使っても情を寄せてもらえない。馮魁が蘇卿に出会ったときのように、鄭恒が崔氏に出会ったときのように、やはり女にふさわしく夫が配されるものだ。中等の客が下等の妓女を求めると、高みによじ登ろうとして、心から歓待してくれる。ことわざに〝いい酒を飲んで、安芸者と寝る〟というのは、このことだ。

〔訳者注〕馮魁は茶商人で、蘇卿を大金で手に入れたが、後に科挙に及第した双漸に取り返された。宋・金以来の戯曲に取り入れられたが、散佚した。故事が明・梅鼎祚『青泥蓮花記』巻七にある。鄭恒は崔鶯鶯を、鶯鶯の母（鄭恒のおば）の力を頼んで無理に妻に迎えようとしたが、結局、科挙に及第した張珙に取られた。『西廂記』に描かれている。

【三九】その趣は、会わんとしていまだ会わざるの際にあり。会ってしまえばおしまいだ。その情は、嫁せんとしていまだ嫁せざるの時にあり。嫁してしまえばおしまいだ。

〔原注〕男女が始めて出会ったとき、互いに惹かれ、眉に愁いを秘め（？）、目に情を宿し、花前月下の密会を約束し、千種万種の尽きぬ思いを致す。ここに無尽の趣がある。だが交合の後は、男の心は冷え、女の気持はなくなり、以前の愛情は、すっかり廃れてしまう。嫖客と妓女の二人の情が深くなって、娶る心を決め、嫁する日が近づいて、やり手婆と親方から金を要求されて、男は女を、女は男を捨てられず、両方でどうしようもなくなったとき、無限の情が起きる。だが一緒になって、遊びをやめ、色恋抜きで、夫婦の会話をし、日常の生活をするようになると、従前の気持ちは、すっかりなくなってしまう。古今の伝奇や芝居が、多くの幕を経て、団円に至ると終わりになるようなものだ。


【四〇】朋友に託して意を伝え、それによってだんだん気を惹け。

〔原注〕嫖客は妓女の前では、機嫌を取り信頼を得、全て知己の友人に託して意中を伝えて心を誘い、戯れて趣を得、笑わせて気を惹くというのが、本当の芸者遊びのやりかたである。坐ること死体のごとく、立つこと祭祀のごとくでは、だれかが「先生の教室ではあるまいし」と言ったようなものだ。


【四一】孤老（嫖客）と表子（妓女）の間にも密会がある。才子と佳人の間に密約があるのは当然だ。

〔原注〕孤老は、世間では老公といい、孤寡の老公（孤独な老人）のことである。表子は外衣（外側に着る衣服）のこ

とで、家の外の妻のようなもの。妓女の中には淫欲が強く、仮母（やり手婆）に隠れて孤老と密会して、取り入るものがいる。これを言いふらして軽蔑する人がいるが、孤老と表子の間にも密会があり、才子佳人と同様である。

〔訳者注〕『青楼韻語』注に、「密約はいつでもあるもので、才子佳人だけではない」（密約時時有之。但未必才子佳人耳）。

【四二】小信も失うなかれ、私語も聴くべし。

〔原注〕些細な信用も失うな、内緒の約束も必ず守れ。

七　妓女の思惑を知れ

【四三】若い妓女は、なつけやすいが逃げやすい。年増の妓女は、なつけにくいが裏切らない。

〔原注〕年若い妓女は世事に疎いので、これと遊ぶにはなつけやすい。だが、少しでも行き違いがあると、壊れやすい。年増の妓女は世事にたけているので、これと親しむには老獪で大変だが、一旦情が深まれば、容易には冷めない。少妓と遊ぶと、こちらが面倒みてやることになるが、老妓と遊ぶと、向こうから世話に来てくれる。だから若い妓女とあそび、年長の妓女と……（原文一字不鮮明）、遊びの道は別である。

【四四】顔をしかめて家計が苦しいと言ったら、援助を求めていると知れ。眉をひそめて借金が多いと訴えたら、返済の肩代わりを欲していると知れ。

〔原注〕妓女の家で、眉をひそめ顔をしかめて、家事の困難を告げたら、援助を求めているのだと知れ。借金が甚だ

多いと訴えたら、返済の肩代わりを欲していると知れ。

【四五】意図的な追従を、誠意があると思い込むなかれ。無意識の言葉を、誠意がないと見なすなかれ。

〔原注〕媚びへつらった追従と心がこもっていない接待を、誠意があると思い込むな。言ってることに愛想がなくて、言葉遣いに間違いがあっても、誠意がないと見なすな。

〔訳者注〕『青楼韻語』注に、「言葉や顔つきも大事だが、その背後も一層よく考えないといけない」（言貌之中、不可忽。言貌之外、更不可不思）。

【四六】軽薄な嫖客はつまずきやすく、荘重な妓女の情は惹きつけにくい。

〔原注〕軽薄な嫖客はよく動き回るが、やることに実がなくて、つまずきやすい。荘重な妓女は黙って行動し、行動は安静で、その情を惹き付けるのはとりわけ困難である。

【四七】「あなたを愛しているわ」は金儲けの計略、「お母さんがひどいのよ」は金を搾り取る方法。

〔原注〕妓女が、情があると自慢するのは、情があるのではなくて、金儲けの計略である。芸者がやり手婆がひどいと訴えるのは、ひどいのではなくて、金を求める方策である。

〔訳者注〕『嫖賭機関』上巻「姉妹二十四婪法」その十二に、「お会いしてから、寝食不調。終日昏昏、酔ったよう。やせ衰えて、恋患い。どなたのためか、この病。〔注〕この病がほんとにおれのためか」（妾従識君、寝食不寧。如癡如酔、終日昏昏。懨懨痩損、早是傷神。這場鬼神、爲着何人。〔注〕這病兒豈眞爲我）、その十三に、「あなたのために、仕事をしくじり、母さん見破り、毎日怒る。一人に惚れて、商売誤る。もうけ少なく、老後どうする。〔注〕母さんのせいにして、お前がもうける」（妾替君好、幹事顚倒。媽媽識破、連日着惱。怪我濫你、生意誤了。增益不多、將何養老。〔注〕倚媽媽生發你錢）。

【四八】宴席の接待には心を見せず、離別の席で情を表す。

〔原注〕宴席では接待してくれなくて、心の内を明かすことをしないが、車は東馬は西、離別のときに、真情を表すもの。

【四九】牛と呼ばれたら馬と応じろ。とりわけ「手長」と「脚短」が重要だ。

〔原注〕おおむね嫖客となったら、まともな対応をしてはいけない。牛と呼ばれたら馬と応えよ。なにごとも俗習に従うのがよい。妓家に行ったら節度を守れ。金遣いはやや多めに。これを「手長」という。世間話は少な目に。これを「脚短」という。これが長続きのこつだ。

【五〇】妓女が情を伝えたら、それに応えよ。さもないと望みが失われる。女がこちらの意に逆らったときには、その機微を察知せよ。さもないと捨てられる。

〔原注〕妓女がこちらに心を留めたら、濃密な間柄の客になっているときや、歌舞宴席で色目を使っているときに、その気持ちを察知して、密かに応答してこそ、趣を知る人といえる。そうでないとこちらの望みは失われる。こちらがいつも情を寄せているのに、むこうがいつも逆らっていて、それに気が付かないとしたら、おろかな溺愛で、やが

て捨てられる。

【五一】交際が久しくなるほど、敬意が衰えるのは自然だ。年月が長引くほど、情愛が密になるのは真情だ。

〔原注〕交際が日ごとに久しくなるほど、敬意が衰えるのは、夫婦が日常一緒にいるようなもので、それが情の自然である。もし始めて出会ったときのように、礼節を以て……（原文一字不鮮明）するようでは、偽りである。年月がだんだん長引くと、恩愛がいよいよ密になる。妓女がそうなっているのに、こちらで気づかないことがあろうか。これは人情の真である。

八　遊郭のタブー

【五二】金を使うにはひたすら気前よく。情を求めるには全て時間をかけよ。

〔原注〕金をつかうにはとりわけ気前よくせよ。けちだと馬鹿にされる。情を得たいと思ったら、とりわけ時間が必要である。ちょっと来てすぐ帰るようでは、追い出されてしまう。ことわざに〝一に時間、二にお金〟というが、そういう道理もあろう。

〔訳者注〕『嫖賭機関』上巻「嫖有五要三不可」の「三要有工夫」に、「朝に会い、暮れに接触。多忙の中で時間を見つけて来て熱くなり、ねんごろに日久しくして自然に親しくなる。一暴十寒（きまぐれ）では情は得られぬ」（朝相見、暮相接。忙裏偸閑來溫熱、慇懃日久自然親。一暴十寒情不浹）。同「五要用錢俏」に、「金が使えて、使ってきれいに。けちがひどいと笑われて、けちけちしたら必ず嫌われ、あまり派手だとだまされる」（會用錢、使得俏。慳吝過多被他笑、銖銖兩兩必然嫌、十分撒漫生圈套）。

【五三】美貌と孔兄があってこそ、妓女に歓迎される。強さと優しさがあってこそ、人に誹謗されない。

〔原注〕潘安は晉の美男子、孔兄はむかし銭を孔方兄と称したことによる。蜀の張飛は字を翼徳といい、気性が激しかった。唐の蘇味道は大臣となったが、気性はとりわけ穏やかだった。およそ嫖客は、人物の上に銭があり、二者兼ね備えてこそ妓女を喜ばせる。性格が剛の上に柔を兼ね備えてこそ、人に誹謗されない。

【五四】片時の楽しみで、過去の喧嘩を解くことができる。一時の悪口で、平素の親好を損なってはならぬ。

〔原注〕遊郭の道は、もめ事の入口である。女郎買いの客には、いざこざに巻き込まれなかったものはいないだろう。だがそのいざこざに束縛されたら、互いに反目するようなことになる。出会うときがあったら、過去のいざこざを解かねばならない。情を惹こうとするなら、一時の悪口から反目して、平素の親好を廃してはならない。

〔訳者注〕『妙錦万宝全書』本の注では、「預當聞訕、兩情厚久」の二句がない。これによった。

【五五】謎をかけられるのはみな佳だが、たとえ聡明な人でも、解くのに時間がかかる。復炉は好いが、たとえ頭のいい人でも、やはり損をする。

〔原注〕妓女は嫖客がしばらく来なかったり、跳槽（鞍替えする）したと聞いたりすると、必ず下男に物を届けさせて謎をかけ、情を伝える。甎《せん》（しき瓦・煉瓦）は厚いということ。瓦（屋根瓦）は薄いということ。二本の長短不揃いの炭は、長嘆短嘆（ため息をつく）ということ。もつれた一つかみの糸は、千思万思（心が千々に乱れる）ということ。

糖餅（小麦粉で作った砂糖入りの烙餅）は、今後は口内が甘いということ。蓮の実（苦味がある）は、今後心中ひとり苦しいということ。このように例が多くて、挙げ切れない。嫖客が時間をかけて解き明かしても、続々と新問が届けられる。これを復炉という。復炉の一件は困難とされ、情では前回の二倍期待され、銭では前回の二倍使わせられる。このようにしていたら、きりがない（この二句、訳文は当て推量）。このためにひどい目に遭う。

〔訳者注〕「跳槽」については第六一条参照。和刻本『開巻一笑』「風月機関（山中一夕話）」釈義に、「寄謎―孤老子弟来ラズ、或ハ別処ニ跳槽スルアレハ、賫物ヲ遣テ謎ヲ以テ情ヲ達スルナリ。譬バ炭ノ炭ノ音ヲ仮リテ、長キ短キ交ヘタル炭ヲ遣、長嘆短嘆トナゲキヲヨセ、糸ノ音ヲ仮リテ多少二ツニワケ、束ネテ千思万思ノヲモヒヲカコツ類ナリ。此邦俗男女ノ思ヲ寄ルニ炭ヲ贈テ焦ガルヽ意ヲ示シ、イトシキノ謎ニ、糸ヲ遣ルコト、田舎ニハ今モ行ルヨシ。読ト音トハ異ヘドモ、用ル処ノ同シキ、唐和符合スルコト、情人ハ感スベシ」。

【五六】妓女が亀（妓家の親方）と通じると傷となり、嫖客が友人に馴染みを盗まれると無能とされる。

〔原注〕妓女は、人倫は失っているが、妓女としての行いは存している。その妓女が亀と通じたら傷となる。〝俊友をつれて行くな〟は古来の戒めで、馴染みを盗まれるのは無能だからだ。

〔訳者注〕『青楼韻語』の本文語釈に、「他家の亀に通じることを鑽亀という。朋友の妓に通じるを截馬という」（通他家之龜、曰鑽龜。盗朋友之妓、曰截馬）。『開巻一笑集』本には、この条の本文・注は収められていない。

【五七】薄情な柔旦（妓女）を買っても、好意的な亀婆（やり手婆）は買うな。

〔原注〕柔旦を買えば、薄情者でも、体裁はまだいい。亀婆を買えば、心を寄せてくれても、不名誉である。

〔訳者注〕和刻本『開巻一笑（山中一夕話）』「風月機関」釈義に、「柔旦―婊子ノ飛号ナリ。亀婆ハ鴇母ヲ号。此ニ説ハ、柔旦ニ結ハ、縦ヲモシロカラヌ女ニモセヨ其名還美。亀婆ヲ嫖ハ任ヲモムキアリトモ、佳キ名ニアラズトナリ」。原注では不名誉だから亀婆を買うなというのだが、『嫖賭機関』上巻「子弟有三不嫖」の「一不嫖龜婆」では、理由が異なって、「亀婆にはもともと亭主があって、人生半ばで家を出た。夫婿と情はまだ深く、客の相手は形だけ。身請けも望まず、嫁ぐ気もない。客を手厚くもてなすは、ひたすら高い銭のため。裏にだましの手が多く、ひっかけられぬよう気を付けよ。従良承知したならば、身請けの費用がばか高い（最後の一句の訳は当て推量）」（龜婆原有主、半路纔出家。夫婿情還重、待人都是假。既不望贖身、又不圖娶嫁。厚我爲甚麼、無非求善價。就理奸詐多、須妨倒脫靴。亦有肯從良、未免費招駕）という。

【五八】好かれるには、千日あっても足りない。あらを探すには、一時あれば余りがある。

〔原注〕好かれることは難しいとされる。人を驚かす容貌があり、金遣いが抜群で、枕席の技がすぐれ、言葉遣いが柔順で、女がほしがる物はすぐ与え、嫌がることはすぐ止め、穏やかで優しく、下手に出てへりくだる。このようにしたら、千日あってもまだ足りない。逆に客のあら探しは極めて容易である。長所を隠して短所をあげつらい、言葉をほじくり、失錯を取り上げ（この二句の訳文は当て推量）、是を非とし、善を悪となすのは、一時でも余りがある。

〔訳者注〕『青楼韻語』には、この条の本文・注とも収められていない。

【五九】利口な客は興趣だけ手に入れ、愚かな客は決まっていさかいを起こす。

〔原注〕利口な人は興趣だけ手に入れ、あほな客はしばしばいさかいを起こす。

【六〇】お世辞が続いたら、（金品を）求めていると知れ。悪口が続いたら、追い出しをかけていると知れ。

〔原注〕阿諛の言が重ね重ね届いたら、（金品を）要求していると知れ。譏訕《きせん》の語が頻々と寄せられたら、追い出そうとしていると知れ。


【六一】跳槽（鞍替え）すると真情は求め難く、梳籠《そろう》（水揚げ）をするのは虚名を慕うもの。

〔原注〕浮気な客が、跳槽に慣れてしまうと、真情を求めても、得られない。強引な客が、梳籠をしたがっても、知り合って日が浅ければ、虚名を求めるに過ぎない。

〔訳者注〕清・捧花生『画舫余譚』に、「妓家では以前、嫖客がよそへ移るのを跳槽と言ったが、由来が分からない。元人の伝奇に基づくか。魏の明帝が跳槽の語を最初に使用したと言う」とある。本書【八二】にも「跳槽」のことがある。原注にも『嫖賭機関』上巻「嫖有五要三不可」の「一不可跳槽」に、「隴を得たら、蜀を望むを止めよ。前の麞《のろ》を追ったら、後ろの鹿を逃がす。枝を踏み損ねたら両足落ちる。更新よりは復旧がよい」（既得隴、休望蜀。前赶麞、後失鹿。踏枝不着兩頭空、更新不如還元舊）、同上巻「機関条目一百八」に、「水揚げは一度限りではないから、虚名を求めるのは止めよ。スープ飲むのは一人だけでないから、本物は求めがたい。〔注〕水揚げは名目だけで、最初の客とは限らない。スープ飲むのは形だけで、本物ではないのだ（スープ云々の句、難解）」（梳籠豈止一次、休博虚名。嘗湯不獨一家、難求實好。〔注〕梳籠乃虚名、未必初客。嘗湯不打卯、難得眞心）。明清・余懐『板橋雑記』上巻に、「始めて男に接するのを梳籠といい、一人前になったのを上頭といい、衣裳はみな客が用意してやる」という。また斎藤茂『妓女と中国文学』（東方書店、東方選書）第二章「妓女の技芸と日常」に、唐・孫棨『北里誌』の張住住の条を引いて、唐以来、水揚げには鶏のとさかの血を利用して客をだますことが行われてきたという。

【六二】権勢で威圧するな、情で親しくせよ。

〔原注〕遊郭では権勢で威圧してはいけない。花柳界では情で親しくすることが何より大事である。権勢で威圧したら、権勢がなくなれば終わりである。情で親しんだら、情が深くなればいよいよ親密になる。

九　本心を読みとれ

【六三】しばしば酒が催促されてても出てこないのは、部屋の長居を嫌っているから。重ね重ね茶がせかされるのは、早く座敷から帰ってもらいたいから。

〔原注〕妓家で酒を飲むときに、料理がたけなわになっても、酒がとぎれ、妓女が酒を催促してもしばらく出てこないのは、客の長居を嫌っているからである。妓家へ暇で出かけたときに、主と客とが着席し、時候の挨拶が済んで、しばしの間、茶を呼んで客に出し、それが終わらない内にまた茶が呼ばれる。これは客に早く帰れということである。昔、〝茶をたてて客を追う〟と言ったのは、このことであろう。

〔訳者注〕『嫖賭機関』上巻「機関条目一百八」に、「酒杯が下げられないうちに、茶の取り替えが催促される。これは明らかに発客の煙。酒があるのにまた追加が催促される。これは誠に催客の檄。〔注〕忙しく茶を催促するのは、退席を求めているので、発客という。頻りに酒を催促するのは、早く帰るのを求めているもので、催客という」（鍾未徹又叫換茶、明爲發客之烟。瓶未罄又喚添酒、信是催客之檄。〔注〕呼茶急、要我起身。謂之發客。喚酒鍍頻、欲我速行、謂之催客)。後掲の「娼妓述」にもみえる。

【六四】口で伝えるのは真意でない。目で情を伝えてこそ心がある。

〔原注〕ふだん人前で、口で言ったり、人に意を託すのも、気が無いわけでない。だが、衆人の中で、眉目で一人に向かって情・意を伝えてこそ、心があるというものだ。

【六五】詩を題して意を寄せ、歌曲もて情を伸べよ。

〔原注〕崔氏は西廂の句で、韓姫は紅葉の詩で、それぞれ応酬して良縁を成した。いい歌で味わい性を養い、詩曲で情を伸べよ。君子がこれによって声を発すると、知音のものが必ず傾聴する。

〔訳者注〕唐の崔鶯鶯は西廂(西の建物)での出会いの詩を張君瑞に贈ったことから結ばれ(「鶯鶯伝」、『西廂記』)、唐の韓氏は詩を題した紅葉を水に流して于祐に拾われ、于裕が和した詩を題した紅葉が韓氏に拾われ結ばれた(宋・劉斧『青鎖高議』前集巻五「流紅記」、『繡谷春容』巻四「韓夫人写情禁溝」、『国色天香』巻二「紅葉伝情」)。

【六六】三年で一つ年とり、半年で二回誕生日が来る。

〔原注〕彩雲は散り易く、美妓は老いやすい。夭夭たる容姿も、わずかに十年のみ。「おいくつ」と問われて、「十八」。二年後にまた問われて、やはり「十八」。三年たっても、やっぱり一つ年とるだけ。だが、やり手婆の誕生日には、嫖客は必ず衣服を買い整え、簪を購入してやってお祝いをする。やり手婆は金が好きで、貪欲は飽くことなく、半年たたないうちに、二回誕生祝いをする。おかしなことだ。

〔訳者注〕『嫖賭機関』上巻「孤表九問十八答」の「三、問青春幾何」に、「嫖客が妓女に〝お年は幾つ〟と尋ねたら、〝やっと十六よ〟。その時ちょうど十五歳。その七年後に、〝わたし二十よ〟。明日が誕生日なの。あなたにだけ教えるわ。だれも知らないの〟……」（子弟問妓者、尊庚多少。答曰、纔交十六、年方十五。既經有柒、答曰妾在二旬。翌乃賤旦。只對兄說。人皆不知。……）、同上巻「乖姉妹常有八脱法」の「五、生辰脱法」に、「客が愚かだと見ると、うそをついて、〝お母さんの誕生日なの、みんなでお祝いいたします。私は何がいいかしら。あなたとのお付き合いは浅いけど（?）、お力添えをお願いします。ハンカチ買ってくださいな。夫婦指輪も欲しいのよ。物ではなくてお金でもいい、お金の額はお任せします。あなたのお顔がこれで立ち、私の気持ちも表せます〟。この話は誰でも知っていること。誕生日といえば毎月あるものだと知れ」（知你惛迷、假說媽媽生日、衆姉妹各具賀禮、我將何以爲題。交遊未必相體、伏乞維持。替我打對蓋指。兄禮折乾、厚薄隨你。一則足下風光、二則賤妾微異。思知、這話兒箇箇都知。思知、論生辰月月有的）。

【六七】香茶（香りのいいお茶、又は強壮剤）を贈るのは、情のなさしめるところ。果物の種を投げかけるのは、意を惹かんとする心があればこそ。

〔原注〕衆客の中で、一人にだけ香茶を贈るのは、情がその人を求めているからだ。酒席で果物のさねを投げかけるのは、怒っているようだが、実際は心を惹こうとしているからなのだ。

〔訳者注〕『嫖賭機関』上巻「機関条目一百八」に、「席間に果物のさねを贈るのは、意を寓していると思え。座中で秋波を送るのは、情を伝えようとしていると知れ。〔注〕物に意を寓しているのに、理解しないと心機を浪費させる。目で情を伝えようとしているのに、気付かないと好意に背く」（席間贈果核、當思寓意。坐中送色笑、須知傳情。〔注〕因物寓意、你不解空費心機。眼角傳情、不覺辜負美意）。「娼妓述」にもみえる。『青楼韻語』注に、「贈香投果は、大妓楼では行われなくなって久しいが、わが杭州では、沙宝ではまだおこなわれている」（贈香投果、大方家不作久矣。吾杭惟沙寶尚行之）という。沙宝は未詳。和刻本『開巻一笑（山中一夕話）』「風月機関」の「釈義」に、「贈香茶―衆客相対スル席ニテモ、香茶餅ヲ贈ルハ情アリト知ルヘシ。菓ヲ人ニ投ルハ外ハ取訕ニ似テ内ハ調ナリ。閨門ノ婦人モ亦尚此事アリ。蓋シ情ノ使トコロトナリ」。

【六八】再三要求して、始めて顔を現すのは、値段をつり上げようとしているのだ。再四こちらから要求して買おうとさせるのは、別に理由があって遮っているのだ。

〔原注〕賓客が尋ねて来ると、再三来させて、ようやく会わせる計画を立てるのが決まりだという妓家があるが、これは容易には会えないと宣伝させて、値段をつり上げようとするものである。再四こちらから要求させるのは、女に反蒼（未詳。蒼は瘡か）が生じて不潔になっているか、名をけがすような不始末があって嫌われていて、こちらから要求させるのだろう。理由はこの数点に違いない。そうでないとしたら、容姿が醜悪で、振る舞いが俗っぽいからであろう。

〔訳者注〕この条は、本文・原注ともに読みにくく、本文の「別に理由があるのだ」は『青楼韻語』の「防別有因」により、原注は『妙錦万宝全書』本によったが、それでも訳文は正確ではない。

【六九】痴心の男子はあまた、水心の女子は多し。

〔原注〕男子の痴心、婦人の水性は、昔からである。嫖客と妓女の二人が誓いを立てた後、男が約束を守り、別の美妓に出会っても親しくしないのに、今までの妓女と反目して、女の心が冷えてしまっても、それでも捨てないという

のは痴心である。婦人の性は波に従い流れを追って高下しやすく、実に捉えがたい。まことに水性である。

【七〇】あいかたの奸計は見抜け。隣家（「家」は『一事不求人』本によって補った）の妓女の美しさは褒めるな。

〔原注〕あいかたが奸計を弄したら、必ず見抜かなければならない。そうでないとだまされる。隣家の妓女の美貌は、くれぐれも誇ることのないように。もし誇ったら責められる（『妙錦万宝全書』本は「怪」に作る。これによる）。この二点はともに心得よ。

〔訳者注〕『嫖賭機関』上巻「機関条目一百八」に、「隣家の妓の全美（全面的な美しさ）をほめるな。自分の妻の過厳（ひどく厳しいこと）は言うな。〔注〕隣の妓の美しさをほめて何にもならない。妻の厳しさを言ったら警戒される」（休誇鄰妓全美、莫道山妻過嚴。〔注〕稱鄰好、置他何地。說内嚴、怕他留心）。

【七一】遊郭慣れしたものは、好縁を結びやすく、遊郭に入り始めたばかりのものは、悪晦（「晦」は『青楼韻語』による）が生じやすい。

〔原注〕風情の士は、遊郭に遊び慣れて趣と音曲を知り、尊敬される。ひたすら交情を叙してこそ、好縁が結ばれやすい。粗忽の徒は、女郎買いの興趣が分からず、好醜が区別できず、ただ色恋だけを求める。その結果、間もなく悪瘡（悪性のおでき）ができて、ひどく後悔する。

〔訳者注〕『青楼韻語』注に、「旧注に、悪晦は生瘡のことである。嫖を学ぶものは往々にしてその毒を受ける」（舊註悪晦、生瘡也。學嫖者、往往受其毒）とある。

【七二】枕席で情を尽くすといっても、客と妓女ではそれぞれ自分の事をしているのだ。

〔原注〕男は心事が多端なので、気晴らしにしているもの。女は生活費がまかなえないので、利益を得ようとしているもの。枕席で情を尽くすといっても、それぞれ自分の事をしているのだ。このことは鼻簸（未詳）あるものには理解してもらえるが、溺愛の徒に伝えても、まさに痴人の前で夢を説くものだ。

一〇　女郎買いいろいろ

【七三】入ってくるとみんなが恐がり、顔を見て下男も喜ぶ。

〔原注〕妓家に入り込んで、恩義は施さずただ乱暴で、他の客がいないと喜び、少しでも客がいると腹を立てる。ばくちの利益を求めて、花柳の縁を償うが、金遣いはけちで食事も甚だ少し。気にくわないと悪意を抱き、盗賊呼ばわりして誣告し、役所に訴える。こんならず者（？）はどこにでもいる。これを狼虎嫖という。金遣いはたっぷりで言葉遣いは穏やか。老いも若きも、会えばにっこり。これを和合嫖という。

【七四】とりわけ重要なのはやり手婆を喜ばせること。妓女を喜ばせるだけではだめ。

〔原注〕女郎買い上手は、まずやり手婆を買収する。そうすれば妓女は思いのままになる。朝来暮去も、自由自在。これを作家嫖という。女郎買い下手は、金銭をけちり、付け届けをせず（この句の訳は当て推量）、ただ妓女と遊ぼうとするだけで、やり手婆の怨みは気にかけない。これを雛嫖という。

〔訳者注〕『嫖賭機関』上巻「論子弟乖巧」に、「嫖客が妓家へ行ったときに、先客がいたらすぐ引き返せ。先客がいなくて妓女に会うなら、先ず母さんの部屋へ行ってご機嫌を伺い挨拶せよ。次に仲間の妓女に会ってご機嫌を伺え。その後に妓女とゆっくり心の内を語り合え。そうすれば母さんは情が厚い人だとほめるし、仲間の妓女たちはやさしい方だと喜ぶし、家中のものが気に入って、〝どなたかしら、利口なお方だ、遊び慣れたお方のよう〟」（子弟至妓者家、見有客折身便去。若無客會晤表子、先到媽兒房中問安見禮。次面同行姉妹、慰以起居。然後與表子款款談心緒。媽兒說你情熱、姉妹愛你和氣、一家人都是懽喜喜。你爲誰。見你乖巧伶俐、像箇慣家子弟）、同上巻「機関条目一百八」に、「遊び上手は、いつも家中と仲良くできる。遊び初めは、一人と親しくしようとするだけ。〔注〕遊びを心得た者は、家中を相手にする。遊びを心得ぬ者は、一人だけ相手にする」（久歴風塵、必能調和一家。初入花柳、惟知親厚一人。〔注〕會嫖的、嫖他一家。不會嫖的、只嫖一人）。

【七五】　家を捨て借金するのは色を求めるためだが、それで心が安らかか。霜を負うて出かけ月を帯びて帰るのは女遊びのためだが、それは誰の迷いか。

〔原注〕先祖の家を捨て、親戚友人に借金をし、家産を失ってまで、まだ姿色を貪り続ける。これを痴嫖という。朝に霜を負うて出かけ、暮に月を帯びて帰る。苦痛を踏みしめ、女遊びの利益を得る。一時の楽しみを貪り、無窮の苦を受ける。これを苦嫖という。

〔訳者注〕この条の原注は『妙錦万宝全書』本によった。

【七六】　春を幽室に移し、柳絮の風に漂うを追う。

〔原注〕他の客がしばしば妓女を訪れるのを憎んで、その美を独占しようと、人知れない部屋に幽閉して、それでも

知られるのではないかと恐れる。昔は小嫁といい、いまでは包といっている。これを自在嫖という。情が濃くなって捨てられず、心が熱くなって離れられなく、妓女が呉へ引っ越せば呉へついて行き、楚へ引っ越せば楚へついて行く。家業を捨て、妻子を捨てて顧みない。これを遊方嫖という。

【七七】金を積んで遊郭に入り、商売をして妓楼に遊ぶ。

〔原注〕金を積み重ねて遊楽に供し、銀を積み上げ心付けとして、ひたすら歓心を買い、惜しむ色がない。これを死嫖という。身は旅にさすらい、心は商売にあったら、気晴らしも必要だが、本業の妨げにならないように。暇を盗んで、風流の付けを払え。これを江湖嫖という。

【七八】手広くしていた商売を、とうに捨ててしまって、色街に遊ぶ。帰国の旅支度ができて、始めて知る、今宵花街に泊まるを。

〔原注〕遊郭に借金すると、一か月に三割の利子。軟弱な客をいじめて、唯我独尊（したい放題？）。近頃は利息だけ取り立て（？）、久しく滞ると、また証文を書き直す。このようにして、娼家は無道な待遇をし、部屋代を計算して、借金を余計に払わせる。これを乾嫖という。長年旅先で暮らして、ずっと放蕩心がなかったのに、帰郷の吉日を決めたら、急に遊び心が起こって、その夜歓びの会をし、翌朝別れる。これを解纜嫖という。

〔訳者注〕この条の原注の訳文は正確でない。

【七九】銀海のあたりに幾多の美貌。朱唇のなかに無限のあで姿。

〔原注〕銀海は眼のことである。道蔵の書に出ている。華麗な衣服をまとい、美貌の友をつれて、色街を毎日練り歩くのを眼嫖という。人にはどの妓女たちともいい仲だと言いながら、会ったことがあるかといえば、一晩も泊まったことがないのを口嫖という。

〔訳者注〕銀海は道家の書物で眼のことをいう。

【八〇】老人が色を好むと、ひたすら札を費やす。老妓が門を開けると、必ず銭をだまし取る。

〔原注〕白頭の客が、金を多く使って、専ら若い妓女を求めるのを強嫖という。老年の妓女が、髪は白くなっても、往年の魅力が残っていて、門を開いて金をだまし取るのを当家嫖という。

〔訳者注〕この条の原注は『妙錦万宝全書』本によった。和刻本『開巻一笑（山中一夕話）』釈義に、「老妓開門―老妓門ヲ開キ、自ラ客ヲ迎ルハ、銭ヲ賺ノ計ナリ。老妓ハ鴇児トナリテ少女ヲ妓トナシテ、門ニ当ラシムル習イナルヲ、似合ヌ年ニテ自ラ門ヲ開キ客ヲ迎フ。是ニヨル客ヲ当家嫖ト呼フ」という。『五車抜錦』本、『万用正宗不求人』本では「当家嫖」を「獲利嫖」に作る。

【八一】心を買うに多く札を費やし、趣を得たらすぐに身を引く。

〔原注〕始めて叢林（遊郭?）に遊んで、美女に貪恋し、金を惜しまずに、ひたすら心を買おうとするのを小官嫖という。怜悧の士が、久しく貪ることなく、趣さえ得たら、すぐに身を引くのを乖嫖という。

〔訳者注〕この条の原注は『文林聚宝』本に依った。小官は小官人（お坊ちゃん、若旦那）の意で、「小官嫖」は「若旦那の女郎買い」。乖は賢い、利口の意で、乖嫖は「利口な女郎買い」。『嫖賭機関』上巻「機関条目一百八」に、「情のない女に無理強いするのは、滞在するだけだとしても見識があるとはいえない。趣を得たらすぐに身を引くのは、利口だとしてもやはり薄情だ。〔注〕情のない女に迷い、いつまでも恋慕うのはみっともない。趣を得たらすぐにも鞍替えするというのは、ひねくれ者だ」（無情强苦求、雖盤桓而非高懷。得趣便抽身、縱乖狡而亦薄倖。〔注〕他無情我迷戀、到底不美。我得趣就跳槽、忒煞乖張）。和刻本『開巻一笑（山中一夕話）』「風月機関」の釈義に、「識趣―風月ノ趣ヲ識リ、糸竹ノ佳音ヲ賞モノ、豈独楽コトヲ高シトセンヤ。必ズ心友ヲ携テアソブ。此ヲ敲嫖ト謂。内ヲ惧ル丶故ニ、僕夫ヲモ従ヘズ。吃醋スルニ因リテ友ヲ携ヘズ。暮レバ去、朝レバ回ル。此ヲ嫖トハ謂ズ、借宿トイフベキナリ」。

【八二】情が定まらないとしきりに相方を取替え、意が固まると異心が生じない。

〔原注〕昨朝は李を抱き、今夜は張と寝る。このようにしきりに取替えるのを、俗に跳槽といい、こういう遊びを嘗湯嫖という。心が通じ合えば情は必ず密になり、他のことはできなくなり、百人中ただ一人となる。これを定門嫖という。

〔訳者注〕嘗も湯（蕩）も女に接触すること、さしづめ「浮気な女郎買い」。定門嫖は「律儀な女郎買い」。

【八三】一日に三回厚意に報い、十日半月ごとに情誼を述べる。

〔原注〕情が互いに深くなったのは、人の意志によるものではない（天の意志?）。三回通わないと脚がかゆくなる。これを点卯嫖という。十日に一度会い、半月に一度歓びを交わす。これじゃ神廟の参詣みたいで、一日と十五日だけだから、焼香嫖という。

〔訳者注〕点卯は旧時の役人の点呼（早朝卯の刻に行われた）のこと、点卯嫖は「点呼式女郎買い」、「焼香嫖」は和刻本『開巻一笑（山中一夕話）』の「風月機関」釈義では、「ツキマイリ」と訳している。

【八四】年を隔てて宿債を償い、日を隔てて花を抱いて眠る。

〔原注〕去年の寒食節に出会い、今年の清明節に始めて情を明かした。かささぎの橋のように一年に一度の会う瀬。これを牛女嫖という。一日に二回妓家に眠り、五回三回と遊郭に泊まり、おこりやまいが隔日に変化するよう。これを瘧疾嫖という。

〔訳者注〕「牛女嫖」は「七夕女郎買い」、「瘧疾嫖」は「おこりやまい形女郎買い」。

【八五】あらを探し脅かされて計略をしかけられ、腹を立てて競争心を起こすは愚かなこと。

〔原注〕客が妓女と熱々なのを見て嫉妬し、その客の過失や、家庭内の不始末や、行いの欠けるところを言い立てる者がいる。妓家ではこういう情報を多く求めて、わざと嫖客に伝え、客が恥を隠すために、財布を空にするよう仕向ける。これを忿志嫖という。また行いの悪い妓女や、貪婪狡猾なやり手婆に出会うと、悪計が多様である。嫖客が頭が変なときに、前の客の某は特にやり手婆の誕生祝いをしただの、何々の品を送り届けただのと嘘をつく。これは多くて、数えきれない。愚か者は往々にして負けまいとがんばる。そのために同意したり、身請けしたり、全資産をつぎ込んだりする。これを闘志嫖という。

〔訳者注〕本条は原文に不鮮明な箇所もあって、訳文はあまり正確ではない。『五車抜錦』本は「忿志嫖」を「忿気嫖」に作る。忿気は立腹することだから、この方が分かりやすい。「腹立て女郎買い」というところ。「闘志嫖」は「闘志争的女郎買い」か。『青楼韻語』には、この条の本文・注とも収められていない。

【八六】趣を知り音曲を賞するに友を携えて楽しみ、暮れに来りて朝に去り人に知らるるを恐る。

〔原注〕花柳の興趣を知り、糸竹の佳音を賞するのに、一人占めして好かろうか。ぜひ友人を携えて楽しみたいもの。これを敲嫖《こうひょう》という。妻を恐れ下男を連れず、嫉妬のために友を携えず、日が暮れると顔を覆ってやってきて、朝になると頭を抱えて去って行く。これは嫖といわなくて、宿を借りるという。

〔訳者注〕『青楼韻語』注では、古くは「敲嫖」「借宿嫖」という、とする。敲は賓語を動詞化する働きがあり、敲嫖は基本的には嫖と同意で、女郎買いの理想的な形と位置づけたいいかたであろう。『嫖賭機関』上巻の「十二嫖」にも、十二種の「〜嫖」を収めているが、『風月機関』とは異なっている。

一一　遊郭の真と仮

【八七】酒宴で歌唱が始まったら、おしゃべりは続けるな。妓館に友人と遊んだら、交易の話は止めよ。

〔原注〕宴席で歌唱が始まって、家事を平気でしゃべるのは田舎者だけ。友人と妓館で遊んで、貨殖のことをしゃべりまくるのは俗物だけ。ここは会議場でも交易所でもない。趣を知るものはわきまえよ。

〔訳者注〕『青楼韻語』には、この条の本文・注は収められていない。

【八八】妓女が朋友の過失を語ったら、まさしく好音である。朋友の賢良を誇ったら、決して吉兆ではない。

〔原注〕嫖客の女郎買いは、朋友をつれて妓家で共に楽しむものである。ところが昔から婦人は水の性で、朋友の中

に人材・徳性・言語で、こちらより優秀なものがいると、女は必ず情を寄せて相手をし、こちらの趣が奪われてしまうから、誤ることのないように。女が朋友の過失を語ったら、まさしく好音であるが、いつも賢良を誇ったら、決して吉兆ではない。

【八九】長椅子が横たえられたら、徐孺が泊まった。今もこれが行われている。甘酒が出されなかったら、穆生が帰って行った。昔もこのようであった。

〔原注〕徐穉は字を孺子といい、南州の高士だった。陳蕃は賓客に接しなかったが、徐穉が来たときだけは、長椅子を用意して接待した。帰った後は、その長椅子を立てかけて置いた。穆生は魯の人で、楚の元王の大夫となった。王は礼をもって敬った。穆生が酒をたしなまなかったので、酒を置くべきときには、王はいつも甘酒を用意した。後に王戊が位に就くに及んで、甘酒を用意するのを忘れたところ、穆生は「去るべし」と言った。甘酒が用意されないのは、王の怠慢の意の表れだったので、穆生が立ち去ったのである。妓家で嫖客をもてなすのに、陳蕃が徐孺をもてなしたようにしたら、泊まるがよい。王戊が穆生をもてなしたようにしたら、立ち去るがよい。

〔訳者注〕徐穉は後漢の桓帝・霊帝のころの人、『後漢書』巻五十三に伝がある。穆生は前漢の初めころの人、『漢書』巻三十六楚元王伝にみえる。

【九〇】小躍りして出迎えるのは、真に情が厚い。懇ろに挨拶するのは、疎遠ではない。

〔原注〕妓女が嫖客に情があるかないかは、普段の態度に示されるから、これも観察しなければならない。会ったとたんに小躍りして迎え、こぼれるような喜びようだったら、真に情が厚いのだ。あるいは、しばらく会っていないの

に、人前で繰り返し懇ろに、しきりに挨拶するのも、疎遠ではない。

【九一】他人の異能を妓女に語るのは、姦淫の道を教えるもの。自分の妓女の秘密を友人に語るのは、入口を開けて盗賊を引き入れるもの。

〔原注〕人並み優れた異能をもった他人を、妓女に語れば、必ずその異能を慕うから、姦淫の道を教えることになる。自分がつきあっている妓女のもつ枕席のすばらしさを、詳しく友人に語れば、その友人は必ずそのすばらしさを慕い、女に手を出す。これが入口を開けて盗賊を引き入れるということである。

〔訳者注〕『青楼韻語』注に、「古く、〝異とは陽物の異のこと〟といったが、必ずしもそのようにいう必要はなく、異姿・異才・異富・異俠などはみな妓家の喜ぶものだ。趣を得た所を人に言わないというのは、なかなか耐え難いことだ」（舊云、陽物之異也。何必如此說。異姿異才異富異俠、皆妓家所喜。得趣處不向人言、眞是難忍）。

【九二】朝がくればお茶、日が暮れれば酒というのは、嫖客のためにすること。貧乏になっても行き届いた世話をし、患難に見舞われて助けてくれるのは、情人だからである。

〔原注〕茶酒に手厚くしてくれるのは、女郎買いが久しいからとはいえ、嫖客のためにすることなのである。貧乏になっても手厚く、患難に見舞われても助けてくれるのは、希なことではあるが、情人だからである。女郎買いするものは、このことを察しなければならない。

【九三】最初のうち「摭《せき》」なのは、格好つけているだけのことだ。その後いつまでもそうだと、真情が少ないということだ。

〔原注〕この「掂」の字の意味は文語のそれではない。「掂」というのは、遊郭で妓女が「もじもじする」意味である。せっかくの美貌が格好つけないと、甘えを振りまくことができず、紅やおしろいを塗らないと、美しさが発揮できない。なれそめのころに格好つけるのは当然で、体裁を繕っているだけのこと。その後いつまでも格好つけていたら、きっと真情・誠意が欠けているに違いない。

【九四】ため息つくのは、楽しくないからだ。ぼんやりしてるのには、訳があるに違いない。

〔原注〕何事もないときに、ため息をつき、暇なときに、ぼんやりと黙って坐っている。ため息つくのは必ずや楽しくないからだ。ぼんやりしているのには、訳があるに違いない。

〔訳者注〕『妙錦万宝全書』本の注には、「嫖客たるものは、このことを察してやりなさい」の一句が加えられて、妓女への同情を勧めている。一方、『青楼韻語』の注では、「ため息と放心には、情痴の者は引っかかりやすいもので、この中にも偽りがあるぞ」（吁氣出神、情癡人看來易動。此中實亦有假）と嫖客に警戒を勧めている。

【九五】やり手婆が出てきて応対したら、きっと訳がある。友人が弁明したら、女の依頼を受けている。

〔原注〕妓女の部家に入っても、妓女が居らずやり手婆が出てきて応対したら、きっと訳がある。別の客の相手をしているか、家に居ないに違いない。連れの友人が、一向にこちらのために動かず、女のために弁明してやって、気を遣うようだったら、前から女と通じているか、密かに依頼されているかだ。

〔訳者注〕『青楼韻語』注に、「やり手婆が出てきたら、なにかあったのだが、応対したらなおさらだ。この友人はもっと悪いやつだ」（一見鴇兒、便生事故。況可來陪也。此友更非好人）。

【九六】日久しくして佳人（妓女）も道を修め、年深くして嫖客に烏亀（人でなし）となるものもある。

〔原注〕妓女の中には、年をとって過ちに気付き、懺悔を求め、看経念仏、精進料理と施僧に努め、修道者の姿をし、来世を修めるものがいる。まことに虎が首に数珠を掛けるようなものである。ところが愚かな嫖客の中には、情人を貪り恋い、事業は顧みず、商売はせず、逆に有限の銭で無限の趣を買い求め、故郷に帰れなくなり、永住してしまうものがいる。この点だけ取り上げても、道徳教化を損なう、ともいえるだろう。

【九七】書信を寄せるのは、檄を発して金を催促しているのだ、頭巾や扇子を贈るのは、エビで鯛を釣ろうとしているのだ。

〔原注〕書信を寄せるのは、書信を寄せること自体が目的なのではなくて、金を催促するのが目的なのだ。頭巾や扇子を贈るのは、頭巾や扇子を贈ること自体が目的なのではなくて、頭巾や扇子で金をせしめるのが目的なのだ。

〔訳者注〕「娼妓述」にもみえる。『青楼韻語』の注に、「手紙も品物も、麗人から贈られたとあっては、貴重に思われて、返礼をしないではいられない」（一字一物、出自麗人、便覺珍重。敢不圖報也）。

【九八】情のないものは、日ごとに近づいても、親密にならない。情のあるものは、日ごとに遠くなっても、疎遠にならない。

〔原注〕〝日ごとに近づけば、日ごとに親しくなり、日ごとに遠ざかれば、日ごとに疎くなる〟のが世態の人情で、

通論である。だが薄倖の人は、日ごとに近づいても、親密にならず、有情の客は、たとえ日ごとに遠くなっても、疎遠にならない。

〔訳者注〕この条の本文・注とも『青楼韻語』にはない。

【九九】客に交わること千人なるも、みなかりそめ。情の一人にあるこそ、真にこれあるなり。

〔原注〕妓女の接する客が一人だけでなく、嫖客の通う妓家が一軒だけでないのは実情である。たいてい妓女は色で客に仕え、千人と接しようとも、接待でしかないのだ。そうでなかったら、生活できないのだ。気が合った人や、気に入った客がいたら、体は別の客と寝ていようと、心はその人に寄り添うものである。ことさらに〝客に接すること千人なるも、情は一人にあるのみ〟というのも道理である。

【一〇〇】妓女に嫁娶を期待している人がいるのに、それに気づかないで金をつぎ込むと、土塀の割れ目に金を捨てるようなものだ。こちらに剪や焼をした仲の妓女がいるのに、それに気付かない妓女がいたら、こちらのために尽くしてくれても、双六の坫㧡（未詳）するようなものだ。

〔原注〕妓女にすでに嫁娶を期待している深い仲の人がいるのに、それに気付かないと、金を使っても、土塀の割れ目に金を捨てるようなものだ。こちらに深い仲の妓女がいて剪や焼をしているのに、妓女がそれに気付かないと、いくら尽くしてくれても、双六の（以下難解）……。

【一〇一】久しく心を寄せても、なじまないのは、捨てられたことがあるからだ。遊び始めたばかりで、すぐ言いなりになるのは、恐らく本心からではないだろう。

〔原注〕女遊びは、心を寄せてやることが先である。心を寄せてやらなかったら、馴染みようがない。だが、久しく心を寄せてもなじまないのは、きっと捨てられたことがあるからだ。遊び始めたばかりで、すぐ言いなりになるのは、恐らく本心からではないだろう。

【一〇二】多情の嫖客はしきりに会いに来るが、薄情の嫖客はめったに会いに来ない。

〔原注〕多情の嫖客は足繁く努力してやって来て、必ずしきりに顔を合わせる。薄情の殿御はその気もなく、用があると言って、めったに会いに来ない。

〔訳者注〕『青楼韻語』注に、「妓女が客を選ぶだけでなくて、客もまた妓女を選ばざるべからず」（不但妓擇客、客亦不可不擇妓）。

【一〇三】別離と会合は避けられない。別離の憂いは共に悲しみ、会合の笑いは共に歓べ。妓女の要求は限りがないが、少ないときには与えてやり、多いときには許諾だけにしておけ。

〔原注〕別離が近づいたら、悲しむものだし、会合が近づけば、笑うもの。彼女が悲しめば我もめそめそ。彼女が笑えば我もにこにこ。女郎買いには財貨が先立つ。欲張り者に出会ったら、その要求は限りない。少ないときには与えてやり、多いときには許諾だけにしておくのが、いい方法である。

【一〇四】実言を咄嗟の間に探知し、虚意を日常の間に見出せ。

〔原注〕妓女の言葉の真意を求めるなら、咄嗟の間にせよ。突然問いただしたら、準備がなくて、きっと無心に答えるから、真意が得られる。情の虚実は探知しがたいものだから、常平生用心して観察し、注意して究明することが肝要で、長く続ければ自然と明らかになる。

〔訳者注〕『嫖賭機関』上巻「機関条目一百八」に、「嫖客の情の厚薄は、一時的ではなく、長期的に窺え。妓女の情の真偽は、意識的な行為の中ではなく、咄嗟の間に観察せよ。〔注〕厚薄は普段の行いに現れ、真偽は咄嗟の間に知られる」（窺子弟之厚薄、不於其暫而於其久。察姉妹之眞僞、不觀其勉而觀其忽。〔注〕厚與薄、日久見人心。眞與僞、卽忽知其概）。『青楼韻語』注に、「不意の言葉に、虚実がたちどころに現れる」（出其不意、虚實立見）。

【一〇五】王と会いながら趙を見るのも憎いが、李と寝ながら張を呼ぶのもけしからん。

〔原注〕客選びに慣れて、口では引き留めながら、心はその逆、談笑の間に口はこちらに応じながら、目はあちらを見る女がいるが、心ここになく、聴けども聞こえず、というのがこれだ。妓女が客を取るのは、自分の自由にならない場合が多く、やり手婆が恐くて逆らえず、無理にその客を取り、自分の願望は求めない。枕席の間でも間違って（？）意中の人の名を呼んでしまう。これが李と寝ながら張を呼ぶことである。

〔訳者注〕『一事不求人』本の注では、「これは妓女が人を選んだり、人を思ったりする場合に、二つの形があるということである。女郎買いに来る客は、必ず友人を連れてくるから、いい男がいると、妓女は談笑の間に口はこちらに応じながら、目はあちらを見ていて、これが王と会いながら趙を見るの意味である。また妓女に心を知った人がいると、枕席で趙と寝ながら、寝覚めて李四の名を呼んだりする。これは情が集まったためで、李と寝ながら趙を呼ぶの意味である」。

【一〇六】友人のために心を込めて探使となり、花のために牽引して東風に嫁せしむ。

〔原注〕経典に撮合山があり、道経に黄婆がある。女郎買いに馬不六があり、俗に捽馬という。〝君子は人の美をなさしむるあり〟というけれど、識者の多くは捽馬を軽蔑する。百花から採集して蜜を得ても、結局苦労ばかりで、おいしい蜜は誰が食べるのか。滑稽なことだ。

〔訳者注〕撮合山は男女の仲の取り持ちや、その取り持ちをする人、馬不六は馬泊六とも書き、やはり男女の仲の取り持ちや、その取り持ちをする人のこと。黄婆も同意であろう。『論語』顔淵篇に、「君子は人の美を成さしむ」、『文林聚宝』本の注に、「友人のために妓女に接するのを牽馬という」とある。

【一〇七】短期の別離にも情の疎遠になるのが恐い。長期の離別なら心変わりがなお恐い。

〔原注〕短期間の別れでも、情の疎遠なるのがとりわけ恐いもの。長期間の別れには心変わりが避けられない。〝日に遠ければ日に疎し〟によるものだ。

【一〇八】日の沈むのが遅いと恨んで客の意を満たし、鶏の鳴くのが早いと恨んで客の心を誘う。

〔原注〕妓女が、客と会う約束をして、日が速く暮れるのを求めたり、客と寝て夜が速く明けるのを恨んだりするのは、どちらも客の心を誘うためである。情があるからだと思い込んではならぬ。

【一〇九】うそでたらめを言うのは、やむを得ずにすることである。誓いを立てたり香を焚いたりするのは、その自由にさせてやるがよい。

〔原注〕いい加減なことを言い、根拠のないでたらめを言うのは、遊郭で染みつき習慣となってしまったものなのだ。妓女の情が深くなっても、誓いを立て香を焚くのは、決して強制してはいけない。強制すれば心を苦しめる。本人の自由に任せて、従ってやるのが巧妙なやりかただ。

【一一〇】おおよそ意識的にするのは、結局虚構である。無言の境地に至ってこそ、妙境である。

〔原注〕嫖客と妓女が態度に表すのは、形にとらわれているもので、論ずるに足らない。女郎買いを始めたばかりの人は、気持ちが偽物であるが、時間がたつと情が親密になり、満足な境地に至り、さながら夫婦の日常生活のように、無言の妙境に立ち至る。

〔訳者注〕本条の原注は『妙錦万宝全書』本によった。

【一一一】眉と目では秋波を送っているが、口と心でははっきりと反している。

〔原注〕秋波を送って、情を惹いても、口は是とし心は非で、はっきりと異なっている。

一二　遊郭事情あれこれ

【一一二】髪が洗いたてだと、さっきまで寝ていて起きたばかり。料理が並べられていると、今から客を迎えるところと知れ。

〔原注〕妓女が髪を洗って装いを新たにすると、さっきまで客と寝ていて起きたばかり。料理が並べられていると、今から客を迎えて酒を飲むところ。

【一一三】動作が異常なときには、気に入らないことがあるに違いない。精神的に不安定なときには、意中の人が来るのだろう。

〔原注〕妓女が客を接待するときに、立ったりすわったりして異常だと、気に入らないことがあるに違いない。おろおろして落ち着きがないと、たぶん意中の人が来るのだろう。

〔訳者注〕『嫖賭機関』上巻「機関条目一百八」に、「動作に落ち着きがないときには、必ずいい人が外に来ているのだ。茫然としているときには、きっと気になることがあるのだ。〔注〕出たり入ったりするのは、外に誰かいるのだ。茫然としているのは、気がかりなことがあるのだ」（坐立不寧、必有好人在外。精神恍惚、定有多事横心。〔注〕走進走出、外面有人。出神出鬼、心中有事）。

【一一四】（本文欠）

〔原注〕決してこんな事はない。タイムリーによしみを結べば、遺珠なくてすむだろう。―原本に注だけあって本文がない。その体裁に従った。

〔訳者注〕右の原注は『青楼韻語』にだけ収められているものである。

【一一五】他家の下男が突然現れたら、情報を探りに来たと知れ。客の使用人がしばしば現れたら、間違いなく呼びに来たのだ。

〔原注〕客と相対しているときや、宴会の最中に、他家の下男があたふたとやって来たら、客の情人がスパイを寄こして、情報を探らせているに違いない。客の家の者がしばしば現れて、向かい合って無言で立っていたら、きっと何かあって呼びに来たのだ。

〔訳者注〕この条の本文・注とも『青楼韻語』に収められていない。


【一一六】眉をひそめて笑うのは、みな真情からでない。目をこすって悲しむのは、本心からでない。

〔原注〕両眉をひそめるのは、心配事にもとづくから、無理に笑顔をするのは、本心を曲げるものだ。心を痛めるほどのことでないのに、涙を流して目をこするのも、本心からでない。

〔訳者注〕この条本文・注とも『青楼韻語』に収められていない。


【一一七】曹子建のごとき才を誇れるのは片時だけ、鄧通のごとき財は一日とてもなければならぬ（曹子建のごとき才は片時誇れるだけのもの。鄧通のごとき財は片時も欠けてはならぬもの）。

〔原注〕曹植は字は子建、七歩で文章を作った才子である。女郎買いでは詩文の才は片時誇れるだけの意にたとえられる。鄧通は銅山を所有して銭を鋳造したので、銭鈔にたとえられる。遊郭では一日（片時）とてないわけにいかない。

〔訳者注〕曹植の七歩詩のことは、『世説新語』巻二文学第四、『蒙求』「陳思七歩」にある。鄧通は漢の文帝の時の人。『史記』巻一二五、『漢書』巻九十三に伝がある。『蒙求』に「鄧通銅山」がある。この条の本文・注とも『青楼韻語』に収められていない。

【一一八】黒頭鴇子（黒い頭のやり手婆）は余計なことをし、黄面佳人（黄色い顔の佳人）はとりわけ無情だ。

〔原注〕中年の妓女で、女を抱えて客を取らせるのを、俗に黒頭鴇子という。賢さを誇り美しさを売って、客を接待するのだが、整然として隙がなく、全てにルールがある。これに出会ったらくれぐれも防備するように。妓女の中にはもともと好色で、ひどく欲張りで、顔が黄色くなった者がいる。日が暮れると淫を求め、夜が明けると銭を求める。こんなのと親しくしたら毒手にやられる。

〔訳者注〕この条の本文・注とも『青楼韻語』に収められていない。

【一一九】女郎買いは三代にわたるが、女の盛りは一人わずかに十年。

〔原注〕女郎買いは淫欲の所産である。最初は母親を買い、次にその娘を買い、その次に孫を買う。たいてい妓家では実の娘はすこぶる希だから、（「母子」と交わることが）起こり得る。人倫にもとると責めるものがいたら、その道の人とはいえない。女の美貌・盛容は、春の花のようで、壮麗ではあるが長続きしない。昔から〝女子は二七にして天癸（月経）至る〟といい、これで初めて血気が備わり、容姿・顔色が盛んになる。だが十四歳から二十四歳までのわずか十年である。これを過ぎると「下橋」という。

〔訳者注〕この条の本文・注とも『青楼韻語』に収められていない。岩城秀夫氏の『板橋雑記』上巻の「旧院」の注（『板橋雑記・蘇州画舫録』平凡社・東洋文庫29）に、妓女の多くは実の娘でないという。

【一二〇】人の交遊は一様だが、情の形状は同じでない。

〔原注〕情の有り様は、外形的な交遊で議論すべきでない。

〔訳者注〕この条は『青楼韻語』にだけ収められているもので、本文・原注ともに簡略すぎて、意味がよく分からない。


【一二一】老顔の嫖客は世間でよく聞くが、白髪の妓女は世間であまり見かけない。

〔原注〕俗諺に、〝七十歳の嫖客はいるが、七十歳の妓女はいない〟という。


【一二二】無味乾燥な酒令を探し出して酒仇に報じ、真情だと思い込んで嫖縛に陥る。

〔原注〕嫖客は酒席で、自分の聡明さや、富豪ぶりを自慢したがるものである。酒を勧め、無味乾燥な酒令を探し出して罰を科する興ざましな友人がいるものだ。これを報酒仇（酒席の仇に報いる）という。女郎買いの気晴らしは囲碁に似ていて、最初は気晴らしで碁を始めるのだが、賭けて儲かると寝食を廃するようになり……（原文三字不鮮明）碁に縛られてしまう。一方、女郎買いも名利や俗事に拘束されて、片時を盗んで遊郭に遊んでいるうちに、深い仲になってしまい、ひたすら帰ろうとせず、剪髪・焼香を真情だと思い込んで（原文の「食錯」未詳）、父母が止めさせようとしても止めず、友人が忠告しても反省しない。これも嫖（女郎買い）に縛られたものである。

〔訳者注〕「酒令」は酒席を盛り上げるための遊技。古くから行われ、詩文を用いた高度なものから、じゃんけんのような単純なものまで、多様であった。

【一二三】名声が衆に抜きんでると見識が高くなり、顔色が人に及ばないと贈賄が癖になる。

〔原注〕名声が衆に抜きんでるのは、時の名妓である。交際するのは貴賓で、食事は珍味。綺羅を着ること木綿のごとく、銭鈔を見ること糞土のようで、見識はそのために高大になる。顔色が人に及ばないのは醜妓である。才能・容姿が劣っていて、花柳界に長くいても、物を贈ってくれる友や、情を惹き誘って交際してくれる人がいなくて、自分の方から物を贈らないと、入口にこけが生えてしまうのを自覚している。これも軍隊が敵兵を誘い寄せるために物をまく手である。

【一二四】よく誘ってくれると大事にされ、よく忠告してくれると疎まれる。

〔原注〕嫖客が遊郭に心を奪われて、妓女に好かれたいと思っているときに、誘って一緒に行ってくれる友人がいると、夢中でなにも分からなくなっているから、親切な人だと思い込む。逆に、わなにはまっているのを座視するに忍びず、忠告してくれる益友がいると、口では善意に感謝しながら、心では甚だ不満で、初めはそれでも「はい、はい」と言っているが、次からは避けるようになる。これがよく忠告すると疎遠になるということである。

【一二五】ならずものの嫖客は常に四王と評され、ひよこ芸者も五虎と称される。

〔原注〕やくざどもが仕事に努めず、富翁のまねをしようと花街に遊びに来て、門を入るとすぐにわめき散らし、決まりに従わず、大王が席に着いたばかりのよう。妓女を呼びつけ奴僕を怒鳴り散らして、覇王（項羽）のよう。酒を飲んで、目を細め顔を赤らめて、関王（関羽）のよう。宿銭が足りなく、影も形もなくなって、逃王のよう。大人になりたては、飲食に満腹できなくて餓虎だ。眠ったら西も東もわきまえなくて睡虎だ。衣服を脱いだら壁虎（やもり）

だ。嫖客に銭をたかって蝿虎（はえとりぐも）だ。もう三年たったら老虎（とら・老いたとら）だ。

〔訳者注〕『青楼韻語』注に、「旧注はすこぶる俚俗なので、あっても論じなくてよい」（舊註頗俚、存而不論可也）といい、日用類書所収本の注は卑俗で、『青楼韻語』注は高尚であるとする。

【一二六】道家には傍門（非正道）があっても、理解できるが、色の道には正道すらなくて、理解しにくい。

〔原注〕道家では清浄無為を正となし、有為三千六百（多数の意）を傍門となすが、それらの意義は理解することができる。しかし、男が美妓を愛さずに醜妓を愛したり、女が富人を思慕せずに貧人を思慕するがごときは、色の道には正道すらなくて、理解しにくい。

〔訳者注〕この条は本文・注ともに底本にはない。『万用正宗不求人』本によった。『青楼韻語』注に、「人の好尚は同じでないから、色の道のよるべき決まりなどないのだ」。

【一二七】焼と剪は頻繁に行うと、必ず過度になってしまい、いくら金があっても、きっと貧乏になる。

〔原注〕焼と剪は情人に出会えば、ままあることだが、頻繁に行えば、その人は必ず過度になってしまう。妓家は浪費の世界、……（原文八字難解）いくら金があっても、その人はきっと貧乏になってしまう。

【一二八】手と口が一致できないと、愛を誓い合っても無駄である。性格・心情が合致しないと、交際してもやはり無意味である。

〔原注〕妓女の家は、衣食がかかっているのだから、嫖客がけちで、口では承諾しながら手から放さないと、海山に

誓い合っても無駄である。男女の心情・性格が合致しないと、体面上やむなく、交際して日を重ねても、やはり無意味である。


【一二九】嫖客の銭は糞土のごとく、妓女の情は鬼神のごとし。

〔原注〕嫖客が芸者遊びをして楽しむときや、音曲を愛でて錦を贈るときには、銭をばらまくこと糞土よりも惜しげがない。情の一語は形がなく、信じればあるし、信じなければなくて、鬼神のようだ。

〔訳者注〕鬼神は幽霊と神仙のこと。『青楼韻語』注では、「妓女の情は鬼神のごとし」の句に傍注を施して「真に禍祟がある」といい、両句に注して「鬼神は銭をほしがるだけだから、何百銭か余分に紙銭を焼いてやればよい」（鬼神不過要銭耳。多焼幾陌與他）という。妓女の方が恐ろしいという訳だ。


【一三〇】しきりに物を与えるのは、氷で井戸を埋めようとするようなものだ。金を使わないで（人の口封じをしようとするのは）、〝耳を覆って鈴を盗む〟ようなものだ。

〔原注〕愚かな人は、女遊びを身につけず、女に好かれようとして、しきりに物をあたえるが、これは氷で井戸を埋めようとするようなもの。自分を利口者だと誇っているやつは、世事をご存じなく、人のうわさを恐れて、その口をふさごうと、女遊びにふけっているのに、（口封じの金を使おうとしないのは）〝耳を覆って鈴を盗む〟ようなものだ。


【一三一】賢くてきれいなのは、一向にむなしく過ごす日はなく、やぼで愚かなのは、常に暇なときばかり。

〔原注〕賢くてきれいなお姫様は、人が競い合い、張が帰るとすぐ李が来て、かごや馬が門に臨み、一向に暇な日が

ない。やぼで愚かな妓女は、みんなに憎まれ、いくら家々を巡り歩いても、留めてくれる人がいない。名こそ娼妓（常妓）だが、常に暇なときばかり。

〔訳者注〕この条の原文・注とも『青楼韻語』に収められていない。

【一三二】人物が醜いのに家産が豊かなのは、道理が十分にあるとはいえない。形容が美しいのに性情が愚かなのは、事理が十全だとはいえない。

〔原注〕人物が醜陋なのに、家産が豊かで、飲み物がきちんとしており、料理が好くできていて、客の接待になにもかも俗っぽさがない妓女がいる。これは道理が十分にあるとはいえない。また、形容が美しいのに、性情が愚かで、言葉遣いにすこぶる魅力のない妓女がいる。これも事理が十全でないというものだ。

〔訳者注〕原注の「性情が愚かで、言葉遣いにすこぶる魅力のない」は『万用正宗不求人』本、『妙錦万宝全書』本、『文林聚宝』本によった。『青楼韻語』注に、「旧注では妓女についてだけ言っているが、嫖客だって同じだと思う」（舊註單屬妓說、予謂客亦然嫖）。

【一三三】百年の夫婦はあっても、一世の情人はない。

〔原注〕夫婦関係は五倫のひとつである。男には室、女には家があって、守ることを願い、離れることを厭い、水魚のごとく相和して、百年間寄り添うもの。情人は心情で求め合うに過ぎないものである。山や海さえ変動するのに、心情がいつまでも確固たることがあろうか。だから、百年の夫婦はあっても、一世の情人はない、というわけである。

〔訳者注〕「心情がいつまでも確固たることがありえようか」は、『万用正宗不求人』本『文林聚宝』本によった。

「一世」は三十年のことである。

【一三四】借金を返済し終われば客はすぐ去り、因縁が尽きれば人は自然に離れる。

〔原注〕娼妓の家では、嫖客が妓女にひどく金を使うのを俗に、〝前世に借りがあって、返済し終われば去る〟という。また、嫖客と妓女が別れるのを、〝因縁が尽きる〟という。

【一三五】枕を抱いて昼に眠ていたら、惜春でなければ、二日酔いだ。灯火をかき立て夜に起きていたら、予約客を待っているのでなければ、人を思慕しているのだ。

〔原注〕昼間、人が眠る時でないのに眠っているのは、惜春でなければ二日酔いである。夜が更けて起きている時でないのに起きているのは、予約客を待っているのでなければ、情人を思慕しているのだ。

〔訳者注〕原注の「情人を思慕しているのだ」は『万用正宗不求人』本『文林聚宝』本によった。『嫖賭機関』上巻「機関条目一百八」に、「惜春か二日酔い、そのためここに衣を着て昼寝。予約客か情人、そのため灯火をかき立て夜に坐す。〔注〕白昼に長く寝るのは惜春でなければ必ず二日酔いだ。黄昏にじっと坐っていたら、予約客を待っているのでなければきっと情人を思慕しているのだ」（傷春病酒、故此和衣晝寢。俟約思人、是以挑燈夜坐。〔注〕白晝長寢、非傷春決然病酒。黄昏久坐、非俟約定是思人）。

【一三六】双方の声と気とが呼応してこそ、一心になれる。双方で疑いを懐くと、きっと反目する。

〔原注〕同声相応じ、同気相求め、このように客を接待してこそ、一心になれる。双方で少しでも満たされないと、

いつかは疑いを懐き、きっと反目する。

【一三七】飲み始めてすぐに大杯を運ばせるのは、早く帰れの催促。門口に寄りかかっていつも瞳を凝らしているのは、予約客を待っているのだ。

〔原注〕酒を飲むには、小杯から始めて大杯に至る決まりがある。それなのに飲み始めてすぐに大杯を運ばせるのは、客に帰れと促しているのだ。嫖客が妓家に入ったら、妓女が必ず付き添って歓待するのが、自然な決まりである。それなのに、入口に寄りかかって瞳を凝らしていて、呼んだらやっと来るのは、別に予約の客があるのだ。

【一三八】門を早く閉めたら、今夜必ず客があるということ。尊卑ともに起きるのが遅いと、きっと昨夜客がなかったのだ。

〔原注〕遊郭はもともと夜中の商売なのだから、入口を早く締めたら、つまり客が来ているということだ。客がなかったら、遅くなっても開けているはずだ。嫖客が泊まれば、妓女は早く起きて忙しいし、やり手婆や亭主は、仕入れや洗髪で、必ず早く起きる。だから、みんなが寝坊しているときは、昨夜客がなかったことに間違いない。

【一三九】玉顔を得るのは容易で、今では花を摘むのに例えられる。紅粉を手なずけるのは困難で、昔の人も虎を縛るといった。

〔原注〕玉顔・紅粉はともに婦人・女子の称。妓女になったものは、至って卑賤で、嫖客が欲すれば、すぐに得ることができ、手を伸ばして花を摘むのに例えられる。一緒に寝るのはとりわけ容易だが、心からなつけるのはとりわけ

困難で、山に上って虎を縛るようなものである。

〔訳者注〕原注は『五車抜錦』本によった。

【一四〇】夜通しの快楽も馬上に鞭を振るうようなもの。しばしの歓楽は川に小便するようなもの。

〔原注〕妓女は接する客が多くて、一晩泊まった客でも、ちょっと会っただけの客でも、いちいち覚えてはいられない。ことわざに、〝一晩泊まるは馬上の拱手、ちょっと休むは川に小便〟という。

〔訳者注〕「娼妓述」にもみえる。ことわざの意味は、一泊の客も、短時間の客も、妓女には多数のうちの一人に過ぎない。所詮は馬上の挨拶や、川辺の立ち小便のような、つかの間の所為で、妓女の記憶に残らない。妓女を馬や川に見立てたところが妙。『青楼韻語』の注に、「表現は卑俗だが、その心は真である」（語俚而情眞）。

【一四一】財のためにするものは、十に常に八九。情のためにするものは、百に二三もない。

〔原注〕妓女の道は、両全がとりわけ難しい。財の為にしなければ生活できない。情のためにしなければ人に好かれない。大抵は財の為にするものが多く、情のためにするものは少ない。この言はまことにもっともである。

〔訳者注〕本文「十常八九」は、『青楼韻語』では「十中八九」に作り、注に、「情のためにするとはいっても、結局は財のためである」（雖云爲情、到底爲財也）という。

【一四二】精神は有限で、長期間の疲労に堪えられないから、集散不常のものとは、俗習に従ってするのがよい。

〔原注〕年若い嫖客の中には、房中術を習ったりして快楽の持続を貪ろうとするものが多いが、効果を得がたく、被

害を受けることが多い。その女郎買いを見ていると、遊んでいるうちに情が深くなり、好かれようとして、手段を弄するが、集散不常の人には、時宜・俗習に従って応対するのがよい。

〔訳者注〕「集散不常のもの」とは妓女のことであろう。

【一四三】女に溺れたら、豪傑も落とし穴に落ちたことに気が付かない。色に迷ったら、君子もわなにかかったことが分からない。

〔原注〕人が色に迷わされるのは、舟が水難に遭遇するようなものである。だが舟が水難に出会ったら、そのことに気付くが、迷った人はそれを悟らず、どんなに勇ましい豪傑でも、有識の君子でも、自分を救うことができない。

〔訳者注〕「有識の君子でも」の句は『妙錦万宝全書』本によって補った。

【一四四】変化形を探し集めたらきりがないので、本編を検討したら補足すべき点が多いことであろう。

〔原注〕花柳界の仕掛けは常に変化しているので、いくら広く探し集めても、集め尽くすことはできない。嫖客にかかれては、なにとぞ本書をおとがめにならず、熟読・誦習され、補足していただきたい。

付　勧世誦　一首

君に勧む花柳のベッドを恋うなかれと
あの家に人を損なう特別の方法がある
亀や龍のあごの下の珠玉も奪い

天子のよろいも脱がせてしまう
猛虎もいじめておとなしい羊とし
鳳凰さえも逃げ出して毛をむしられたあひるとなる
たとえ君に鉄の心があろうとも
行けばあいつに蠟のごとく溶かされる

〔訳者注〕『開巻一笑集』本、『妙錦万宝全書』本、『学海群玉』本に収められている。『青楼韻語』には収められていない。

西江月　一首

恋うなかれ歌楼と妓館
貪るなかれ美色と嬌声
明らかにこれ人を陥れる穴
あわれ愚か人の悟らざる
楽しきところに愁怨生じやすく
笑いの中に武器がある
うかつに入るな奴らの家に
入れば蝦蟇が井戸に落ちたよう

〔訳者注〕『妙錦万宝全書』本、『学海群玉』本に収められている。

『開巻一笑集』本、『青楼韻語』には収められていない。

訳文二　娼妓述

金陵遊子

好色は人情の常、なまめかしい姿には溺れやすいとか。秦楼（妓楼）の柳絮は常に遊び人の心を惹き、楚館（妓館）の舜花（むくげの花）は富翁の財産を蕩尽せしめる。もし花柳界の仕掛けの根元を見抜けないと、花柳の巷の落し穴にはまってしまう。

貪欲な男が女子を設けると、七八歳で娼家へ高値で売ってしまう。娼家のやり手婆は金しか心になくて、その女が十三四になると水揚げをして、嫖客に抱えさせる。女は門口に立って媚びを売り、大狐より色っぽく、男をからかい、機会を捉えて、虎さえ深い穴に陥れる。夏には耕さず、秋には収穫せず、脂粉に頼り切って生活し、冬に糸をつむがず、春には布を織らない。ひたすら踊りと歌で暮らしを立てる。

〔訳者註〕『繍谷春容』（明・世徳堂刊本によった江蘇古籍出版社の中国話本大系所収『繍谷春容（含国色天香）』活字本を使用した。以下同じ）所収の「娼妓述」では、「春には耕さず、秋には収穫しない。脂粉に頼り切って生活する。夏に糸をつむがず、冬は布を織らない」とする。

玉の簫を吹き象牙の拍子木を打って淫猥な歌をうたい耳を聾し、みどりのカーテンをかけ派手な衣裳を着けて邪色で人の目をくらます。いい客が来なかったら、占い師に頼んで商売繁昌の紙銭を焼いたり、門限を切ったり（この句難解）、いろいろお祓いをする。幸いにして上客があったら、仲間の妓女とお茶（?）をたてたり、琴をひいたりして、いろいろと引き留める。出会ったあとで、茶がすむと、にこにこして甘えた声で、「お名前は？お国はどちら？今日お目にかかれたのも前世の因縁ね」。しばらくして、夜具の中で、息をハアハアさせながら、額に皺を寄せて、「家計が苦しいの。お母さんの誕生日なの。こんなことあなたに申し上げにくいのですけど」。人前では色目を使って気持を媚びに託したり、後ろから耳元で低い声でなまめかしい姿態で心を表わす。遊び上手と客を褒めるのは、面と向かって言う決まり文句、愛していると自分をひけらかすのは、口からでまかせのやり方。お気に入りの嫖客に出会ったら、歯の浮くようなきれいな言葉で語りかけ、香茶を贈り、果実を投げる（『風月機関』【六七】参照）のも、なにもかも人をだます禍のもと。もしもいかれた兄さんに出会ったら、腹を立てたふりをして、爪で引っ掻き、げんこつで叩くのも、財貨をだまし取ろうとの巧みな手口にほかならぬ。

またこんな妓女たちもいる。くどくどと、「誰それさんは姐さんに衣服を作ってくれたのよ。誰それさんは髪飾りを買ってくれたのよ。あなたご存知ね、言わなくたって」。こんな若いのもいる。ひそひそと「誰それさんは姐さんをピクニックに誘ったわよ。誰それさんは姐さんを物見に誘ったわよ」。聞いただけで若旦那たちは一様にご承諾。昼間から小部屋で開宴、綺麗どころと飲み続け、ずっと夜の夜中まで。それでもまだ足りないと言い、若いお客の精神を駄目にするのもお構いなし。夜更けになってカーテン引いて床に入り、仲むつまじく、翌日起きると日は高い。それでも情が満たされないと言い、白面の兄さんの骨の髄まで吸い尽くしてもお構いなし。書信を寄せるのは、金を催促するための呼びかけ。頭巾や扇子を贈るのは、鯛を釣るためのエビだ（『風月機関』【九七】参照）。頭髪を剪るのはかぐわしい髪が惜しくないのではない。金をまきあげるための黒糸細糸なのだ。腕を香で焼くのは絹の肌が愛しくないのではない。財を釣り上げる焼きの入った釣り針なのだ。

二人で夫婦になりたくて、やり手婆の束縛に腹を立て、何度も駆け落ち約束すると、いかれた男は至誠の現れだと誤解する。ところが纏足した足では、重い財産を抱えて遠くまで歩けない、とはご存知ない。二人で夫婦になりたくて、親方のいじめを怨んでしばしば首つり図ると、浮気な男は真心からだと信じ込む。ところが綺麗なこの姐ちゃんは、枯れ草の中に埋葬されるなんてまっぴらなのだ、とはご存知ない。富商が帰国をしようとすると、いよいよ深く情を寄せ、別離のときには、涙はらはらびっしょり濡れて、江州司馬（白居易）の青衫（黒い上着）さながら（白居易の「琵琶行」に基づく）。だが情郎に財産尽きれば、日ごとにだんだん冷たくなって、尋ねて行けば、面と向かって知らん顔、秀才どのを追い払って相手にしないは常のこと（この句難解）。朝には張さんの婦となり、暮れには李さんの妻となり、礼儀廉恥心の良心は、ほんの少しもあらばこそ。午の刻には越の商人と寝て、（二時間後の）未の刻には燕の客と臥し、羞悪・是非の真心はほんの少しもあるものか。何度もひどく茶がせかされるのは、早く座敷から帰ってもらいたいから。しばしば酒が催促されても出てこないのは、部屋の長居を嫌っているからだ（『風月機関』【六三】参照）。巫山の雨（男女の契り）が止むと、重ねて脂粉を塗って弦を調え、洛浦の雲（男女の契り）が収まると、カーテン巻き上げ媚びを呈す。並頭蓮（男女の契り）を終夜結ぶも、（終わってしまえば）馬上のひと鞭。比翼の鳥（仲むつまじい夫婦）をしばし倣うも、（終わってしまえば）川に小便するようなもの（『風月機関』【一四〇】参照）。一か月契約を結んでも、こっそり隠れてアルバイト。身請けされても、すぐまた別に男を探す。ひどいのは、歓笑がまだ続いている内に、客を逃がすのを恐れて、通りすがりの遊び人を呼び入れる。若殿さまが少しでも心が離れると、すぐさま心配して、一夜限りの遊び人を引きずり込む。盛り場の公衆便所のように誰でも用をたし、路上の乗り合いロバのように誰でも乗れる。

また科子（私娼）と呼ばれる美妓も、色街稼業を身につけている。亭主の生計がひどく貧しかったり、女の淫欲が強すぎたり、良家の婦なのに卑賤なことが好きだったり、官僚の婦なのに恥をわきまえなかったり、という者たちだ。

みな極めて卑賤で憎むべく、至って卑猥で醜いものたちである。困ったことには、詩人・画人が名誉を詩文に求め、学士・大儒が酒を愛し、音曲を好み、美しい鳥の鳴き声を楽しみ、鴆の羽を浸した酒の毒は腸を腐らせ、その禍は防ぎようがない。ついには井戸に氷を投ずるように、逸楽に供して、巨万の銭をなくしてしまう。霜を負うて出かけ月を帯びて帰って歓楽を尽くして、大事な体をこわしてしまう。考えても見よ、うら若きお姐さん、いま薄い眉を書き、誰もが綺麗と言うけれど、年を経て老妓となったら、どんなに厚化粧しても、みんなに塗り重ねが笑われる。途中で稼業がさびれてしまい、鳳凰の簪売り払い、繡羅の衣裳を質屋に入れる。どうしようもなくなると、金の無心に流浪の旅も避けられぬ。そのかみの簫鼓画舫を思い出してはむせび泣く。晩年に生計が貧しく、家賃は厳しく督促され、商店のつけは座り込みの催促。しかたがなくて、市場へ走り、東へ追われ西に逃げる。遠い昔の門前の乗馬を思い出し、悲しみ痛むばかりなり。もし髪剃って尼になったら、色即是空というものだ。もし出家して女道士となったなら、強いて言えばこれも道だ。どちらかといえば、商人の妻になるのがいいだろう。これでも妓女の苦海を抜けられるもの。あるいは、やり手婆になるのもいいだろう、妓女の首縄がにぎれるから。もし若くして青春たけなわならば、病気になることも少ないが、（やがては）医術も効かなくなって（中国話本大系所収『繡谷春容（含国色天香）』活字本では「罄乏青囊」に作る。これによった）、一命にわかに尽き果てる。一枚のわらのむしろが、最期の棺桶、千尋の深淵が、身を葬るお墓だ。

訳文三　娼妓賦

彼女はもともと娼妓で、良家の出ではない。山鳥やキジは、家では飼い慣らすことができない。路傍の柳や土塀の花は、だれでも手折ることができる。脂粉を塗って、あでやかな姿に装って、纏足をして柳腰、なよなよと軽やかな体つき。門に寄りかかって媚びを売り、戸口に立ってご商売。金銭財貨を貪って、貴賤高低かまわずに、妄りに交わり、尊卑上下は顧みぬ。東家で飲んで西家で泊まり、甘んじて水に流れる桃花となる。張家の婦となり李家の妻となり、遊郭の妓女にならんとす。遊郭の習いに染まって嗜好は別でも、欲望では変わりない。才子を恋い慕い、美男を求める心もある。

だけど、撅丁（妓楼の親方）が銭を愛して、勢力で美女に奸心弄せしめ、鴇子（やり手婆）が銭を求めて美人を脅かし、巧妙な計略を生ぜしむ（『風月機関』【二】参照）。このため歌舞の地、風月の場に、迷魂陣・教坊司・勾欄を並べて、潑雪湯鍋が軒を並べる（この二句難解。訳文は当て推量）。枕や敷物に剣戟を隠し、楽器の中に短刀入れる。

客に財貨があるときは、蝶々が花を慕うよう。やがて財布が乏しくなると、にわかに起こす金蟬脱殻の計（客の金品を巻き上げげて、行方をくらます）。海に誓い、山に誓うも、みなこれだましの手口。香でやけどの痕をつけ、黒髪剪るのも、全てが金取るうそっぱち。客との別れに臨んでは、偽ってつく短嘆長息。客が門から出てしまったら、別れの酒も記憶にない。強いて装う愁眉涙眼、足を転じてすぐに忘れる。

これが妓家の古来の習慣で、嫖客の手本とすべきものである。よくよく戒めとせよ。

後編——原文

原文一　『風月機関』底本の影印とその翻字（東京大学東洋文化研究所蔵）

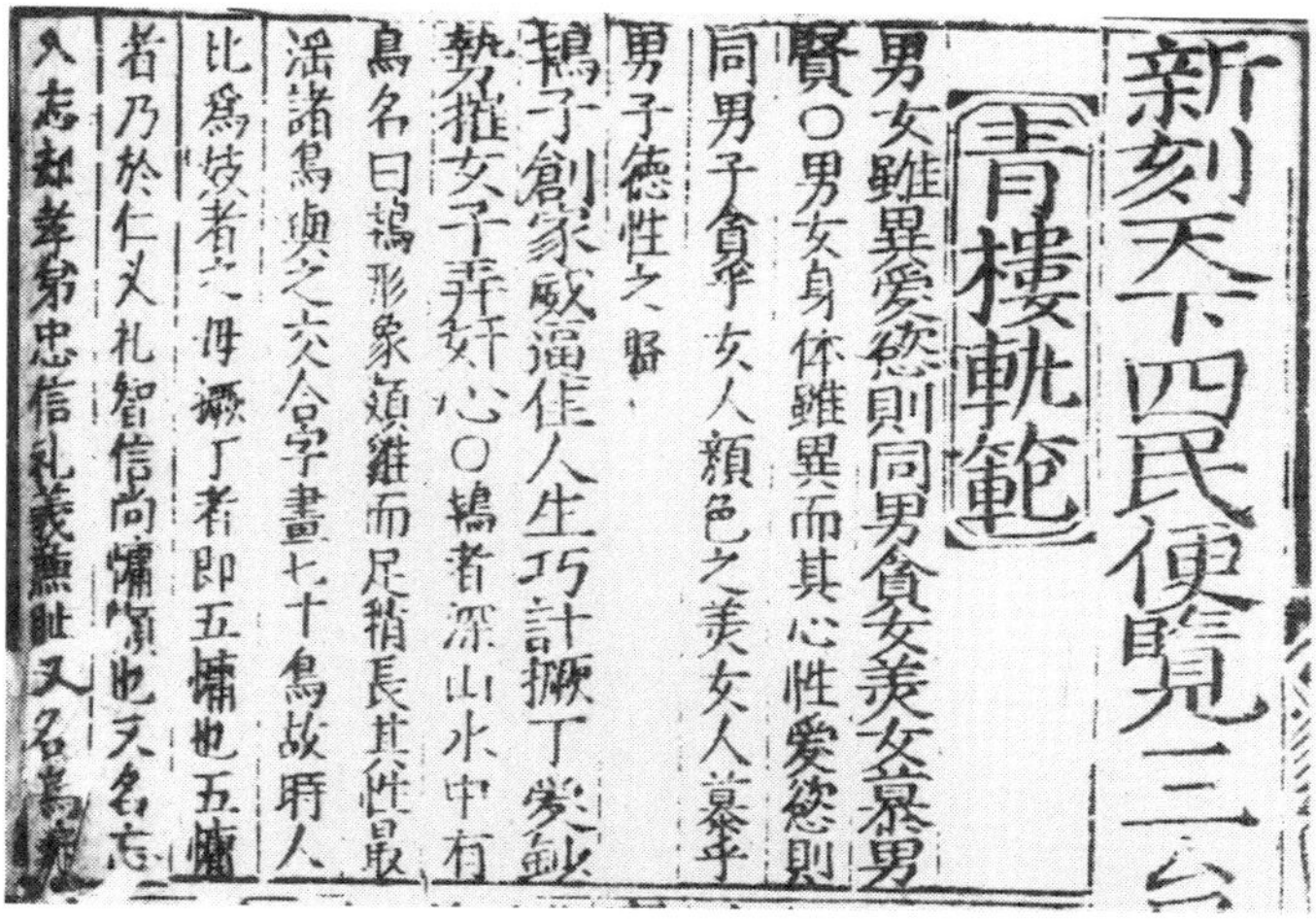

青樓軌範

【一】男女雖異、愛慾則同。男貪女美、女慕男賢。○男女身體雖異、而其心性愛慾則同。男子貪乎女人顏色之美、女人慕乎男子德性之賢。

【二】鴇子創家、威逼佳人生巧計。撅丁愛鈔、勢擢女子弄奸心。○鴇者、深山水中有鳥名曰鴇。形象類雞、而足稍長。其性最淫、諸鳥與之交合。字畫七十鳥、故時人比爲妓者之母。撅丁者、卽五傭也。五傭者、乃於仁義禮智信、尚慵懶也。又名忘八。忘却孝弟忠信禮義廉恥。又名烏龜

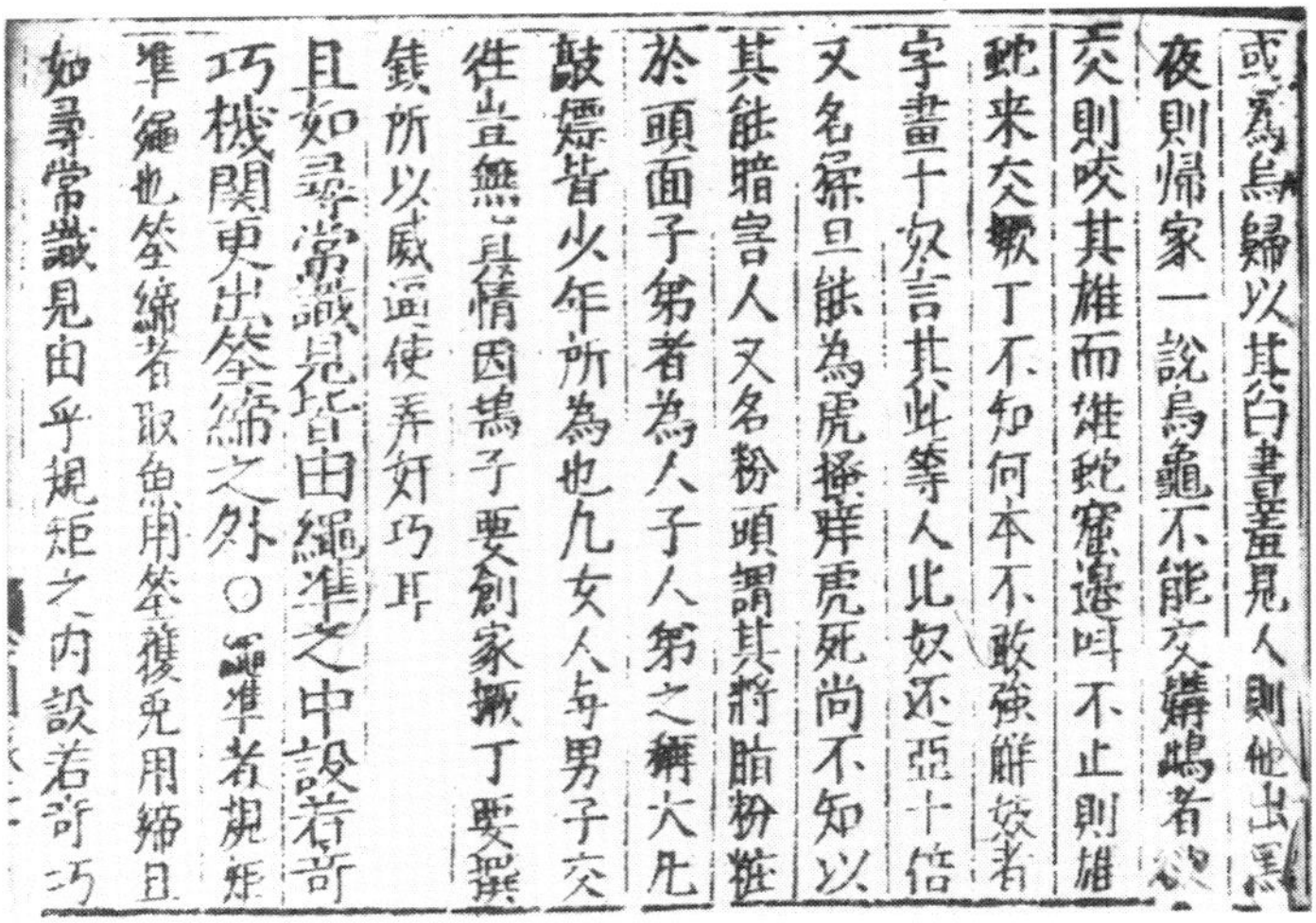
或爲烏歸以其白晝羞見人則他出黑
夜則帰家一説烏龜不能交媾鳴者欲
交則咬其雄而雄蛇窟邊叫不止則雄
蛇来交撅丁不知何本不敢強解妓者
字畫十奴言其此等人比奴还亞十倍
又名猱旦能為虎搔痒虎死尚不知以
其能暗害人又名粉頭謂其將脂粉粧
於頭面子弟者為人子人弟之稱大凡
敲嫖皆少年所為也凡女人与男子交
往豈無真情因鴇子要創家撅丁要撰
銭所以威逼使弄奸巧耳
且如尋常識見皆由縄準之中設若奇
巧機関更出筌締之外○縄準者規矩
準縄也筌締者取魚用筌獲兎用締且
如尋常識見由乎規矩之内設若奇巧

或爲烏歸。以其白晝羞見人、則他出黑夜則歸家。一説烏龜不能交媾雌者、欲交則咬其雄。而雄蛇窟邊叫不止、則雄蛇來交。撅丁不知何本、不敢強解。妓者字畫十奴、言其此等人、比奴還亞十倍。又名猱旦。能爲虎搔痒、虎死尚不知。以其能暗害人。又名粉頭、謂其將脂粉粧於頭面。子弟者、爲人子人弟之稱。大凡敲嫖、皆少年所爲也。凡女人與男子交往、豈無眞情。因鴇子要創家、撅丁要撰錢、所以威逼使弄奸巧耳。

【三】且如尋常識見、皆由繩準之中。設若奇巧機關、更出筌締之外。○繩準者、規矩準繩也。筌締者、取魚用筌、獲兎用締。且如尋常識見、由乎規矩之內。設若奇巧

機關、又出乎筌締之外。人豈逆知也。

【四】若不運籌、定遭設網。○運籌者、大將行兵、運籌算於幃幄之中、決勝負於千里之外。設網者、獵人張羅設網、以待飛走。設不運籌料敵以相待、定遭彼網羅矣。

【五】調情須在未合之先、允物不待已索之後。○風月之中、以情爲先。軍武之內、以操爲最。情未調而求合、譬之三軍未曾操練馴熟、而臨大敵、其敗必矣。嫖之允物、如魚之設餌。不得餌、則他往。妓之索物、不得物、則他求。後總與之、亦何益焉。

【六】初耽花柳、最要老成。久歷風塵、豈宜熟念。○初學敲嫖之人、要在老成、而猾妓不敢逆視。久在風塵之客、若鼓唇搖舌、反學少年之人、使妓家視爲輕子也。

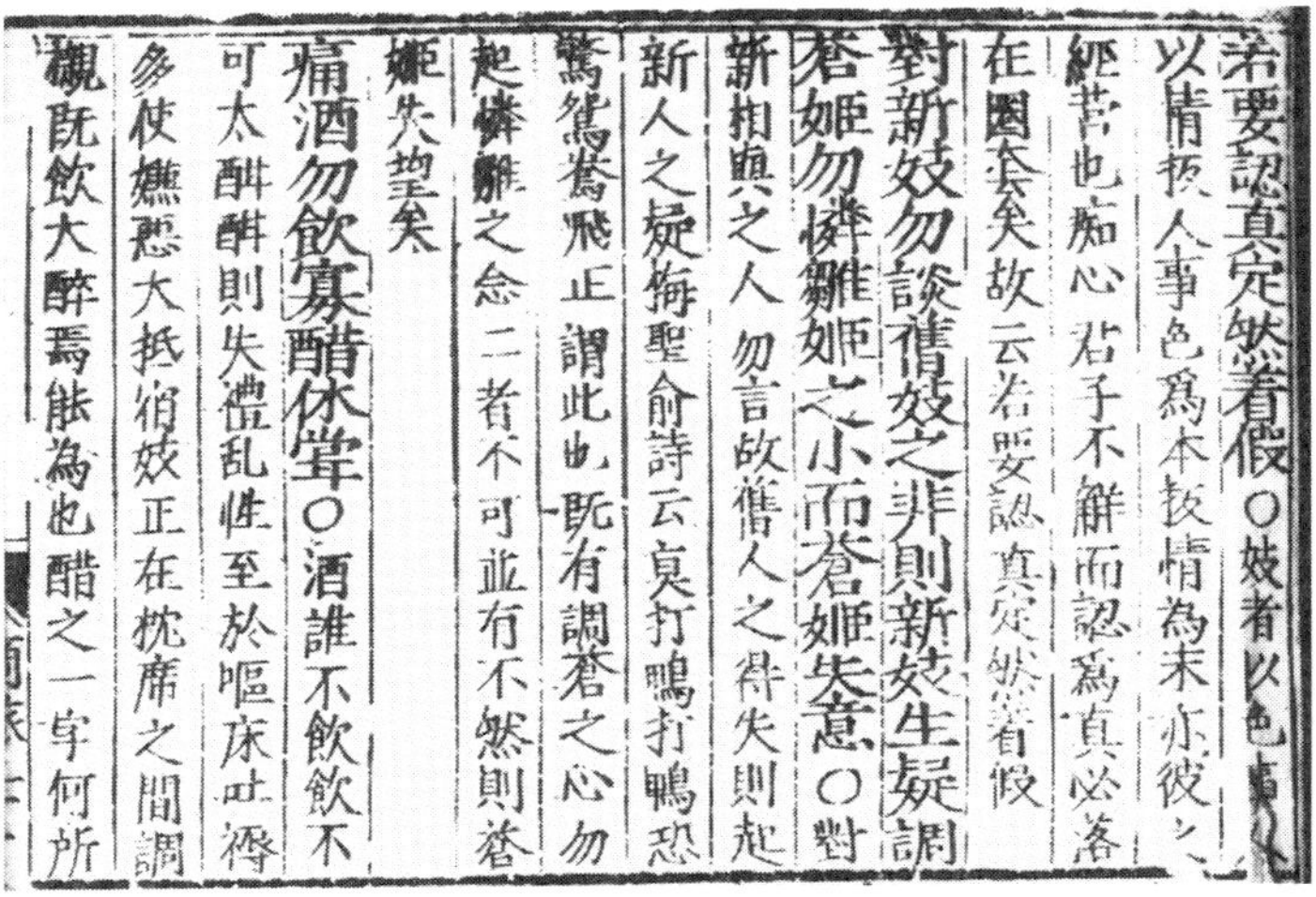

【七】若要認眞、定然着假。○妓者以色事人、以情扳人。事色爲本、扳情爲末。亦彼之經營也。癡心君子不解、而認爲眞、必落在圈套矣。故云、若要認眞、定然着假。

【八】對新妓、勿談舊妓之非、則新妓生疑。調蒼姬、勿憐雛姬之小、而蒼姬失意。○對新相與之人、勿言故舊人之得失。則起新人之疑。梅聖俞詩云、莫打鴨、打鴨恐驚鴛鴦飛、正謂此也。既有調蒼之心、勿起憐雛之念。二者不可竝有。不然則蒼姬失望矣。

【九】痛酒勿飲、寡醋休嘗。○酒誰不飲、飲不可太酣。酣則失禮亂性、至於嘔床吐褥、多使嫌惡。大抵宿妓、正在枕席之間調襯。既飲大醉、焉能爲也。醋之一字、何所本註之。古者爭奸曰妬、今之俗呼曰醋。食醋之心、人皆有之、量其厚薄可也。如食厚中之醋、不醋則不厚矣。設在薄中、則爲寡醋耳。

【一〇】寧使我支他、莫教他閃我。○凡與妓漸覺情疎、料不能久、必生計較支持、則不遭彼閃矣。

【一一】初厚決非本心、久濃方爲實意。○此二句乃常情也。不待解釋而自明。有等溺愛之徒、常言、予與某妓止一二宿便厚。誠可笑也。

【一二】欲買其心、先投所好。○調妓則易、買心甚難。以其所好者好之、其所惡者惡之。貪者賂之以財、淫者動之以慾。擅聽視者、施之以聲色、好疎散者、任之以自然。

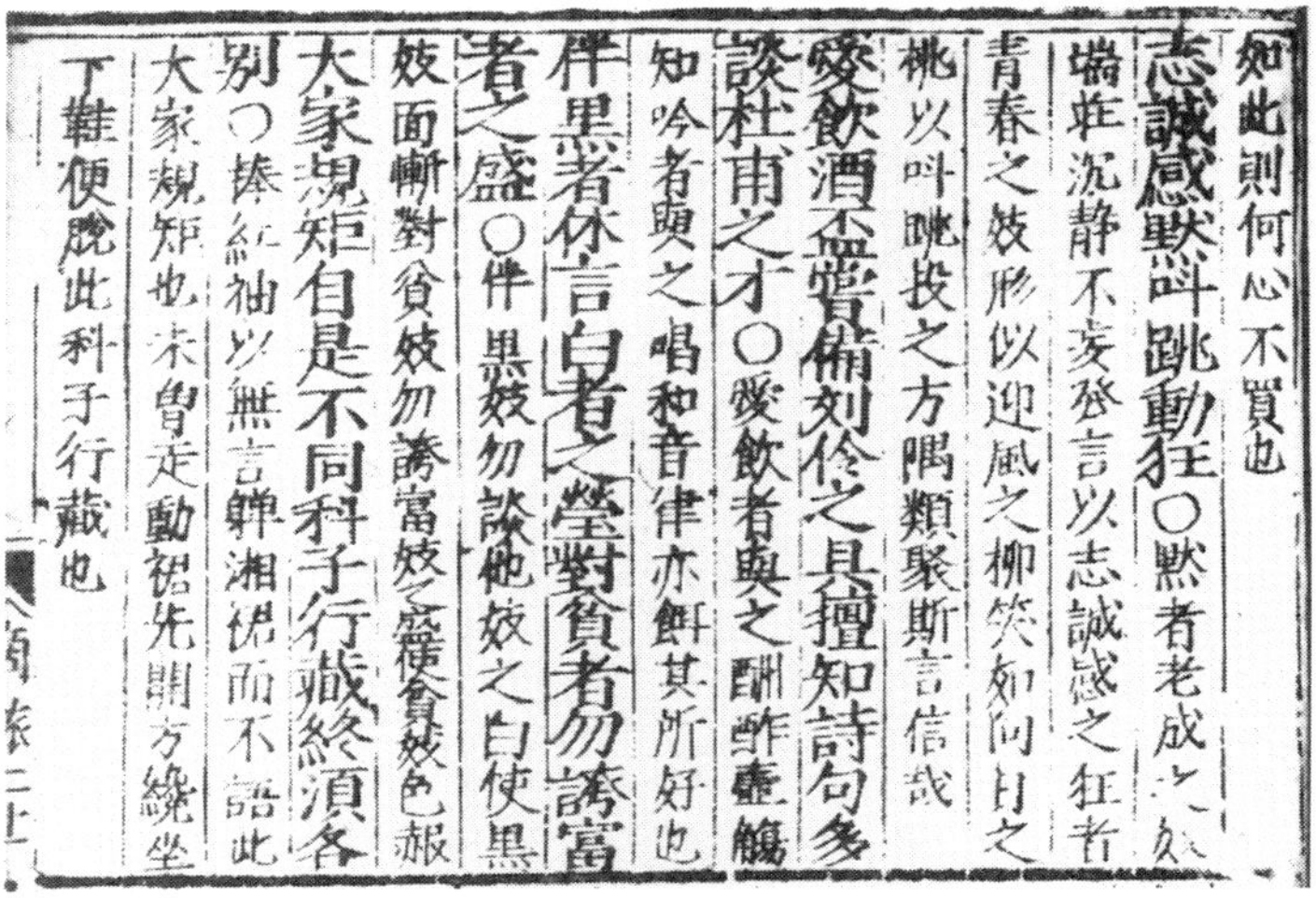
如此則何心不買也
志誠感默叫跳動狂○默者老成之妓
端荘沉静不妄發言以志誠感之狂者
青春之妓形似迎風之柳笑如向日之
桃以叫跳投之方隅類聚斯言信哉
愛飲酒盃常備劉伶之具擅知詩句多
談杜甫之才○愛飲者與之酬酢壺觴
知吟者與之唱和音律亦餌其所好也
伴黒者休言白者之瑩對貧者勿誇富
者之盛○伴黒妓勿談他妓之白使黒
妓面慚對貧妓勿誇富妓之盛使貧妓色赧
大家規矩自是不同科子行藏終須各
別○捧紅袖以無言嚲湘裙而不語此
大家規矩也未曾走動裙先開方纔坐
下鞋便脱此科子行藏也

如此、則何心不買也。

【一三】志誠感默、叫跳動狂。○默者老成之妓、端莊沈靜、不妄發言、以志誠感之。狂者青春之妓、形似迎風之柳、笑如向日之桃、以叫跳投之。方隅類聚、斯言信哉。

【一四】愛飲酒杯、常備劉伶之具。擅知詩句、多談杜甫之才。○愛飲者、與之酬酢壺觴。知吟者、與之唱和音律。亦餌其所好也。

【一五】更要出語隨時、亦忌轉喉觸諱。○子弟在敲嫖之中出吐語、全要因時置宜、不可轉喉觸諱也。

*この條は本文・注とも原本にない。本文・注とも『妙錦萬寶全書』本によって補った。

【一六】伴黑者、休言白者之瑩。對貧者、勿誇富者之盛。○伴黑妓、勿談他妓之白、使黑妓面慚。對貧妓、勿誇富妓之盛、使貧妓色赧。

【一七】大家規矩、自是不同。科子行藏、終須各別。○捧紅袖以無言、嚲湘裙而不語、此大家規矩也。未曾走動裙先開、方纔坐下鞋便脫、此科子行藏也。

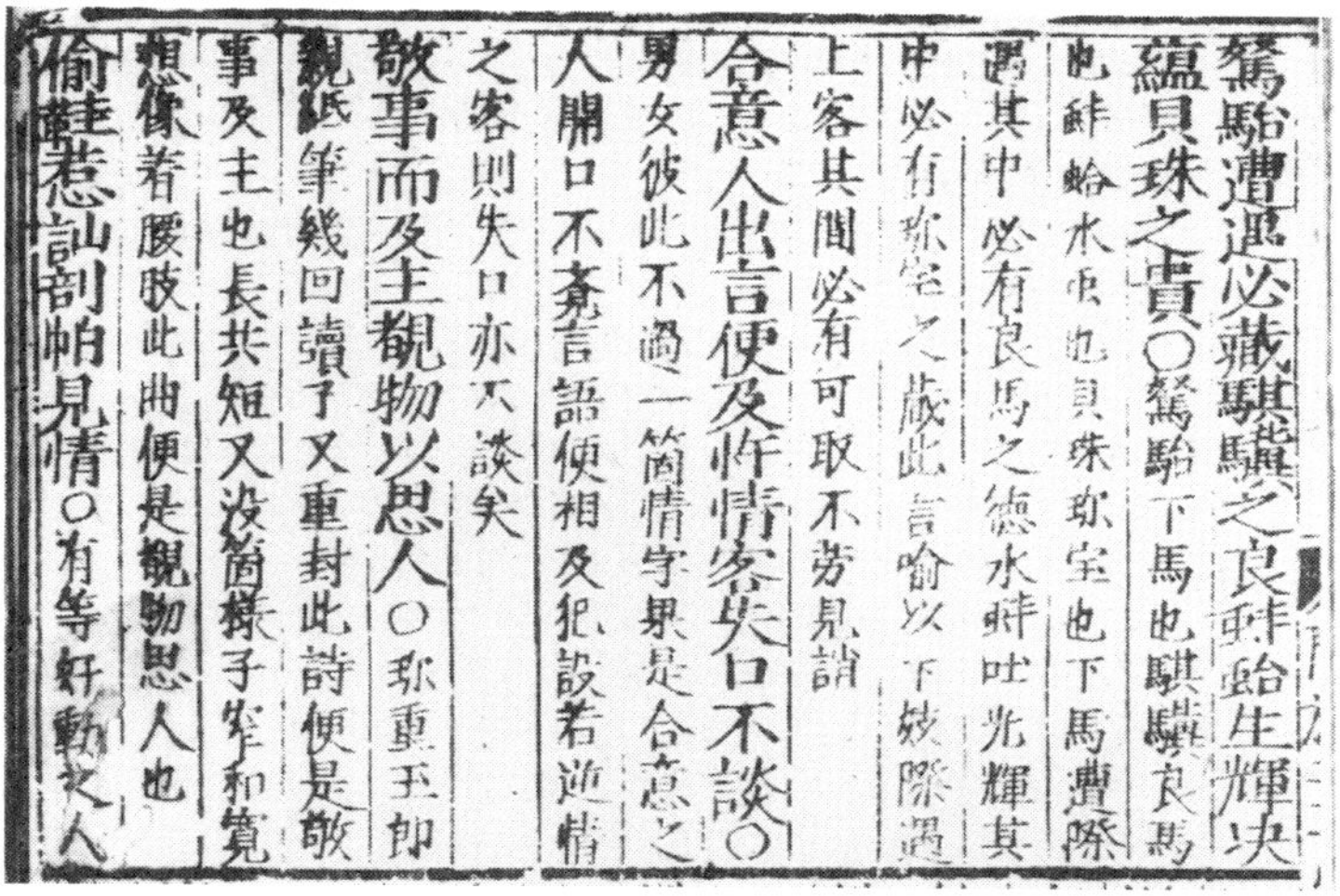
駑駘遭遇必藏騏驥之良蚌蛤生輝決
蘊貝珠之貴○駑駘下馬也騏驥良馬
也蚌蛤水虫也貝珠珍宝也下馬遭際
遇其中必有良馬之德水蚌吐光輝其
中必有珍宝之蔵此言喻以下妓際遇
上客其間必有可取不労見誚
合意人出言便及忤情客失口不談○
男女彼此不過一箇情字果是合意之
人開口不覺言語便相及犯設若逆情
之客則失口亦不談矣
敬事而及主覩物以思人○珍重玉郎
親紙筆幾回讀了又重封此詩便是敬
事及主也長共短又没箇様子牢和寛
想像着腰肢此曲便是覩物思人也
偷鞋惹訕剖帕見情○有等好動之人

【一八】駑駘遭遇、必藏騏驥之良。蚌蛤生輝、決蘊貝珠之貴。○駑駘下馬也、騏驥良馬也。蚌蛤水虫也、貝珠珍寶也。下馬遭際遇*、其中必有良馬之德。水蚌吐光輝、其中必有珍寶之藏。此言喩以下妓際遇上客、其間必有可取、不勞見誚。

*「下馬遭際遇」の「遇」は衍字、『妙錦萬寶全書』本にこの字はない。

【一九】合意人、出言便及。忤情客、失口不談。○男女彼此不過一箇情字、果是合意之人、開口不覺言語便相及犯*。設若逆情之客、則失口亦不談矣。

*『五車萬寶全書』本は「開口不覺言語便相犯及」に作る。

【二〇】敬事而及主、覩物以思人。○珍重玉郎親人筆、幾回讀了、又重封。此便是敬事及主也。床頭遺下殘針線、拈動令人淚不乾、此便是覩物思人也。

*注は『五車萬寶全書』本によった。

【二一】偸鞋惹訕、剖帕見情。○有等好動之人、

從以訪門口常入得妓家不分厚薄就
袖其鞋或時澆託曾致成訕矣剖帕者兩
情既濃欲尋表記遂將帕子剖為兩開
彼此各執其一以見其情
屢問不言由意背纔呼即應為情親○
許三詢問終無一答皆由意之相背呼
未出声應即相隨皆由情之相親
膠漆既投倘遇言差休見責雲萍初聚
如逢礼失莫生嗔○昔陳雷交情愈厚
時人以為膠漆相投言情人交往既厚
稍有言語差錯則不可責雲萍聚散不
常之物喩以暫離暫合之人其情必疎
如礼貌失節亦不勞見罪
憎中曾致愛訕久却成非○憎者嫌也
有等妓者平素可嫌或因一時有一德

進到妓家、不分厚薄、就袖其鞋、寧不致惹妓家之訕乎。剖帕者、兩情既濃、欲尋表記、遂剖帕兩開、彼此各執其一、以見其情。

＊注は『妙錦萬寶全書』本によった。

【二二】屢問不言、由意背。纔呼卽應、爲情親。○許（再）三詢問、終無一答、皆由意之相背。呼未出聲、應卽相隨、皆由情之相親。

【二三】膠漆既投、倘遇言差、休見責。雲萍初聚、如逢禮失、莫生嗔。○昔陳雷交情愈厚、時人以爲膠漆相投。言情人交往既厚、稍有言語差錯、則不可責。雲萍聚散、不常之物、喩以暫離暫合之人。其情必疎、如禮貌失節、亦不勞見罪。

【二四】憎中曾致愛、訕久却成非。○憎者嫌也。有等妓者、平素可嫌、或因一時有一德

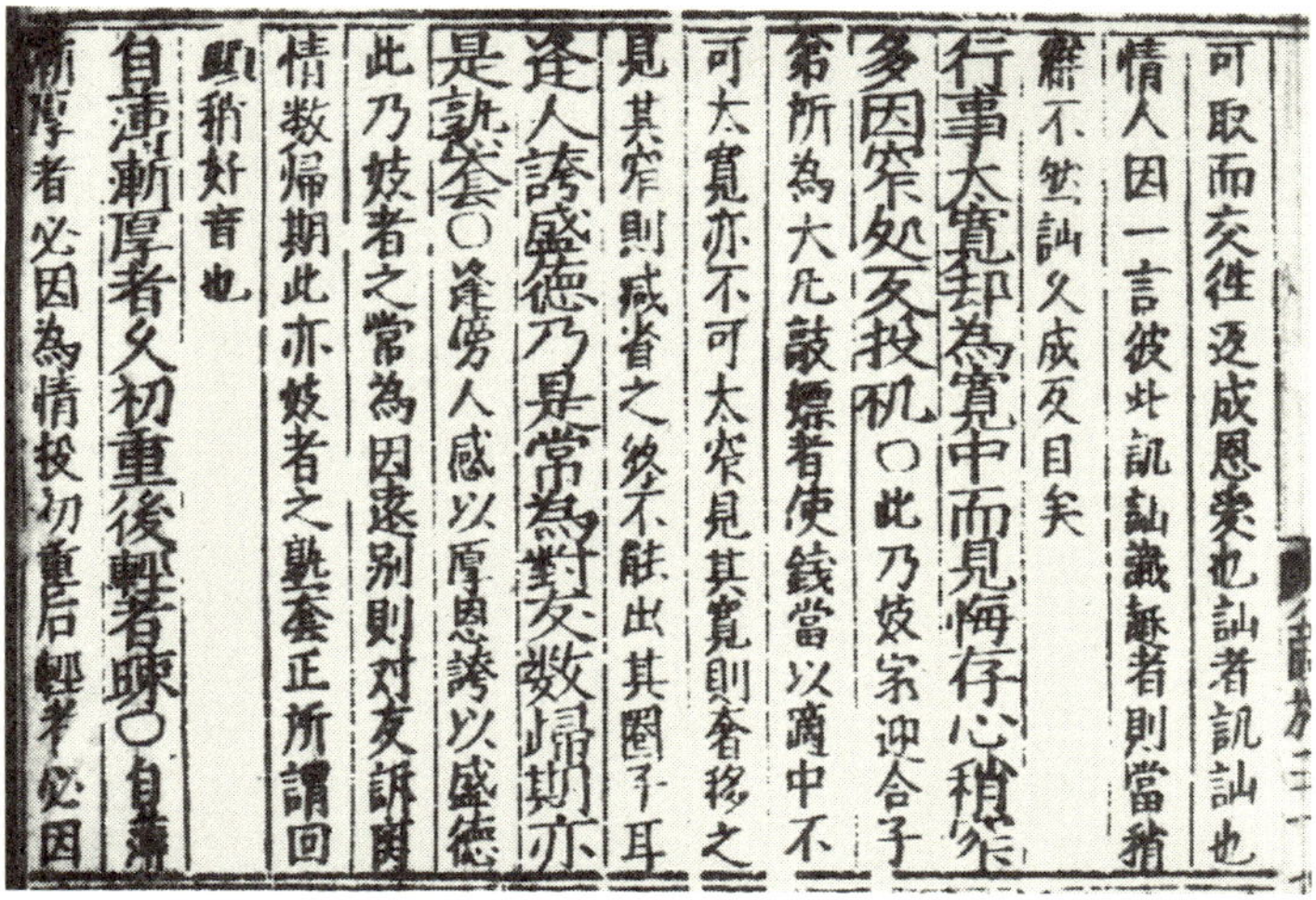

可取而交往、返成恩愛也。訕者譏訕也。
情人因一言、彼此譏訕。識趣者、則當稍
解。不然訕久、成反目矣。

【二五】行事太寛、却爲中而見悔。存心稍窄、
多因窄處反投機。○此乃妓家迎合子
弟所爲。大凡敲嫖者、使錢當以適中。不
可太寛、亦不可太窄。見其寛、則奢移（侈）之。
見其窄、則減省之。終不能出其圏子耳。

【二六】逢人誇盛德、乃是常爲。對友數歸期亦
是熟套。○逢傍人、感以厚恩、誇以盛德、
此乃妓者之常爲。因遠別、則對友訴離
情數歸期、此亦妓者之熟套。正所謂回
頭稍好音也。

【二七】自薄漸厚者久、初重後輕者疎。○自薄
漸厚者、必因爲情投。初重后輕者、必因

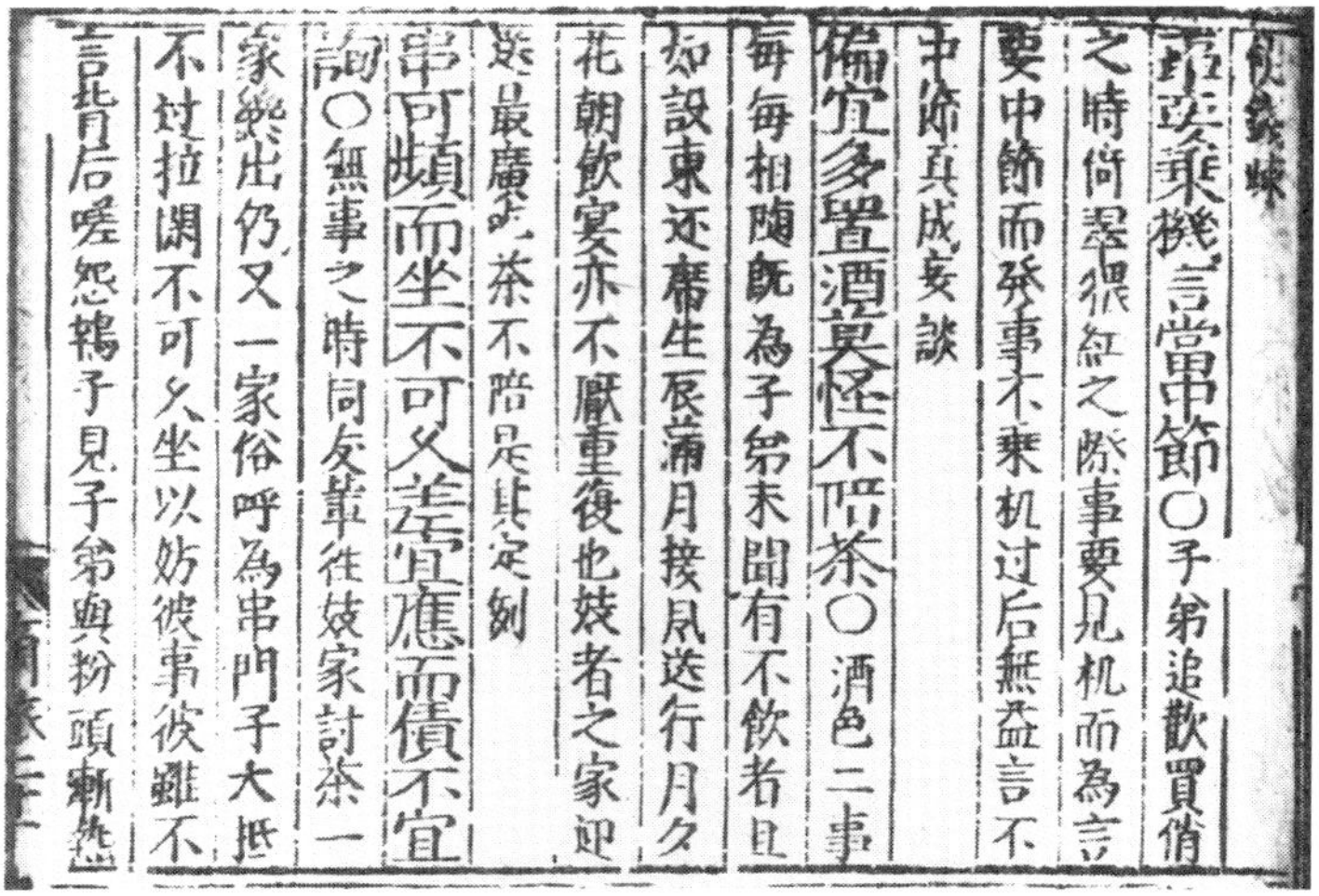
使錢竦
事要乘機言當中節〇子弟追歡買俏
之時倚翠猥紅之際事要見机而為言
要中節而発事不乘机过后無益言不
中節真成妄談
偏宜多置酒莫怪不陪茶〇酒色二事
每每相随既為子弟未聞有不飲者且
如設東还席生辰滿月接風送行月夕
花朝飲宴亦不厭重復也妓者之家迎
送最廣吃茶不陪是其定例
串可頻而坐不可久差宜應而債不宜
詢〇無事之時同友輩往妓家討茶一
家纔出仍又一家俗呼為串門子大抵
不过拉閑不可久坐以妨彼事彼雖不
言背后嗟怨鴇子見子弟與粉頭漸熱

使錢踈。

【二八】事要乘機、言當中節。〇子弟追歡買俏之時、倚翠猥紅之際、事要見機而爲、言要中節而發。事不乘機、過后無益、言不中節、眞成妄談。

【二九】偏宜多置酒、莫怪不陪茶。〇酒色二事每每相隨。旣爲子弟、未聞有不飲者。且如設東還席、生辰滿月、接風送行、月夕花朝、飲宴亦不厭重復也。妓者之家、迎送最廣。吃茶不陪、是其定例。

【三〇】串可頻、而坐不可久。差宜應、而債不宜詢。〇無事之時、同友輩往妓家討茶、一家纔出、仍又一家、俗呼爲串門子。大抵不過拉閑、不可久坐以妨彼事。彼雖不言、背后嗟怨。鴇子見子弟與粉頭漸熱、使言索物、俗爲派差。爲子弟者、便當承應。不然、則無人物矣。門戸之家借債者多。倘遇債主臨門、佯作不知。如細問之、必來苦訴、不允代還、則無意思耳。

【三一】擧止輕盈、終須賣俏。行藏穩重、乃可從良。○體態輕盈、形容嬝娜、未語先笑、未步先躍。如此之人、終於賣俏。行藏穩重、作事端嚴、言不露唇、唉不露齒。雖遭花柳、後必從良。

【三二】初會處色、久會處心。困妓慕財、時妓慕俏。○人之初會、在色不在心。既而久交、在心不在色。妓在困窮之時、弊意遮冷、粗食充飢、其心惟慕財。妓在從容之際、飾以珠翠、着以綺羅、其心惟慕俏也。

【三三】情不在貌、色要擇人。爲情者、嫫母可以

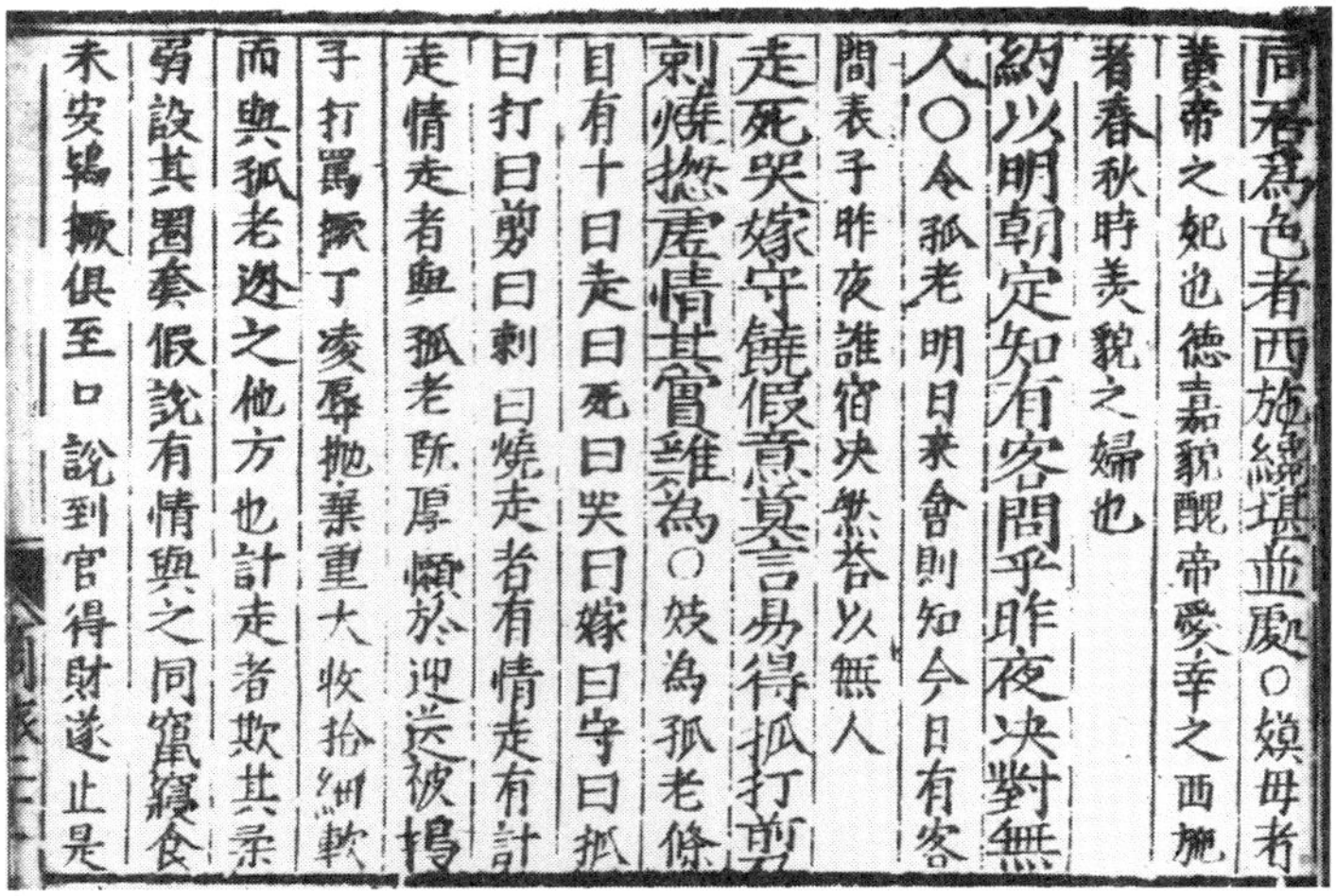
同居爲色者西施纔堪竝處○嫫母者
黃帝之妃也德嘉貌醜帝愛幸之西施
者春秋時美貌之婦也
約以明朝定知有客問乎昨夜決對無
人○令孤老明日來會則知今日有客
問表子昨夜誰宿決然答以無人
走死哭嫁守饒假意莫言易得抓打剪
刺燒總虛情其實難爲○妓爲孤老條
目有十曰走曰死曰哭曰嫁曰守曰抓
曰打曰剪曰刺曰燒走者有情走有計
走情走者與孤老既厚懶於迎送被鴇
子打罵撅丁凌辱抛棄重大收拾細軟
而與孤老逃之他方也計走者欺其柔
弱設其圈套假說有情與之同竄寢食
未安鴇撅俱至口說到官得財遂止是

同居。爲色者、西施纔堪竝處。○嫫母者、黃帝之妃也。德嘉貌醜、帝愛幸之。西施者、春秋時美貌之婦也。

【三四】約以明朝、定知有客。問乎昨夜、決對無人。○令孤老明日來會、則知今日有客。問表子昨夜誰宿、決然答以無人。

【三五】走死哭嫁守、饒假意莫言易得。抓打剪刺燒總虛情、其實難爲。○妓爲孤老條目有十。曰走、曰死、曰哭、曰嫁、曰守、曰抓、曰打、曰剪、曰刺、曰燒。走者、有情走、有計走。情走者、與孤老既厚、懶於迎送、被鴇子打罵、撅丁凌辱、抛棄重大、收拾細軟、而與孤老逃之他方也。計走者、欺其柔弱、設其圈套、假說有情、與之同竄、寢食未安、鴇撅俱至、口說到官、得財遂止。是

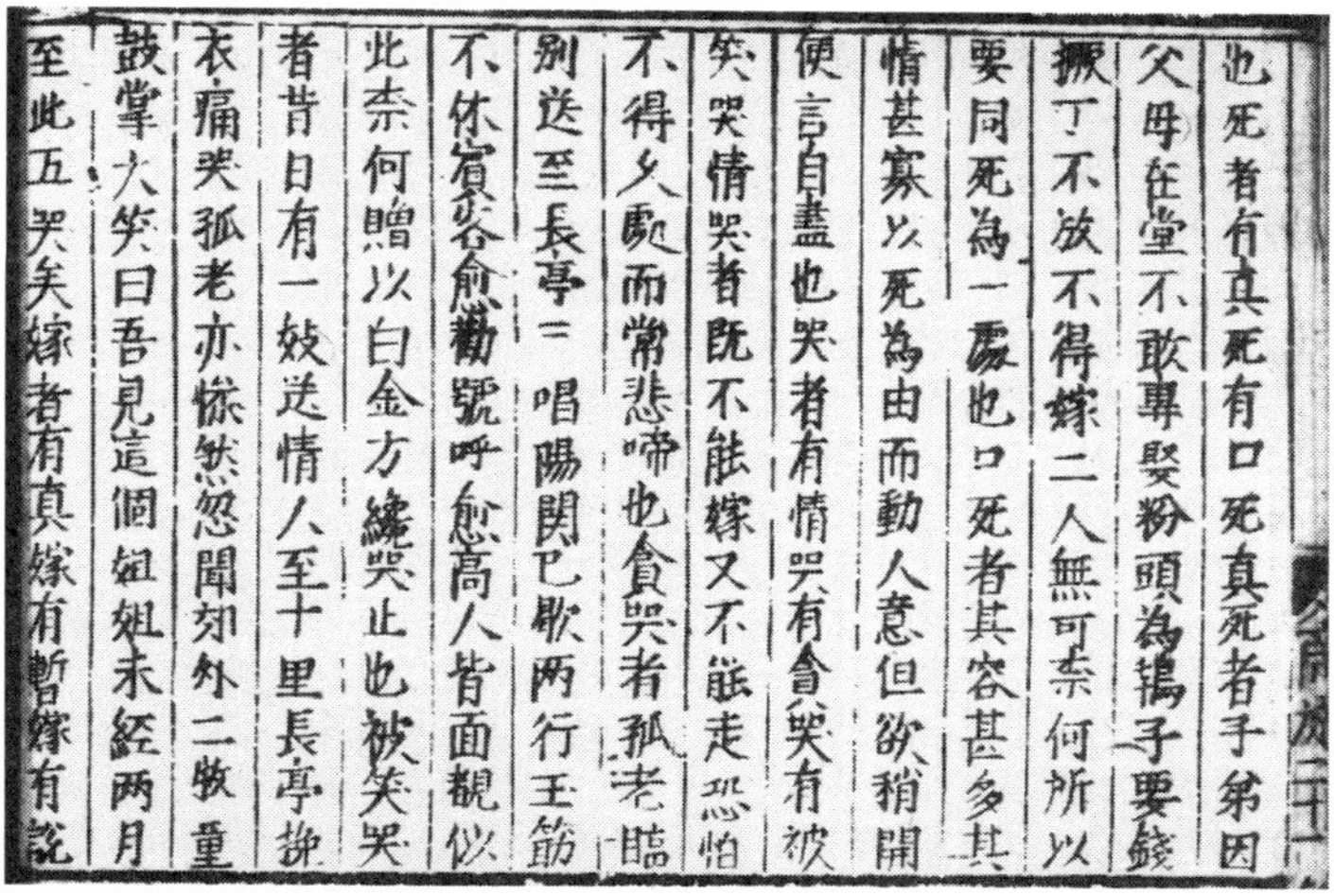

也。死者、有眞死、有口死。眞死者、子弟因
父母在堂、不敢專娶粉頭。爲鴇子要錢、
撅丁不放、不得嫁、二人無可奈何、所以
要同死爲一處也。口死者、其容（客）甚多、其
情甚寡。以死爲由、而動人意、但欲稍開、
便言自盡也。哭者、有情哭、有貪哭、有被
笑哭。情哭者、既不能嫁、又不能走、恐怕
不得久處、而常悲啼也。貪哭者、孤老臨
別、送至長亭、三唱陽關已歇、兩行玉筋
不休。賓客愈勸、號呼愈高。人皆面覩、似（以）
此奈何。贈以白金、方纔哭止也。被笑哭
者、昔日有一妓、送情人至十里長亭、挽
衣痛哭、孤老亦慘然。忽聞郊外二牧童
鼓掌大笑曰、吾見這箇姐姐未經兩月
至此五哭矣。嫁者、有眞嫁、有暫嫁、有說

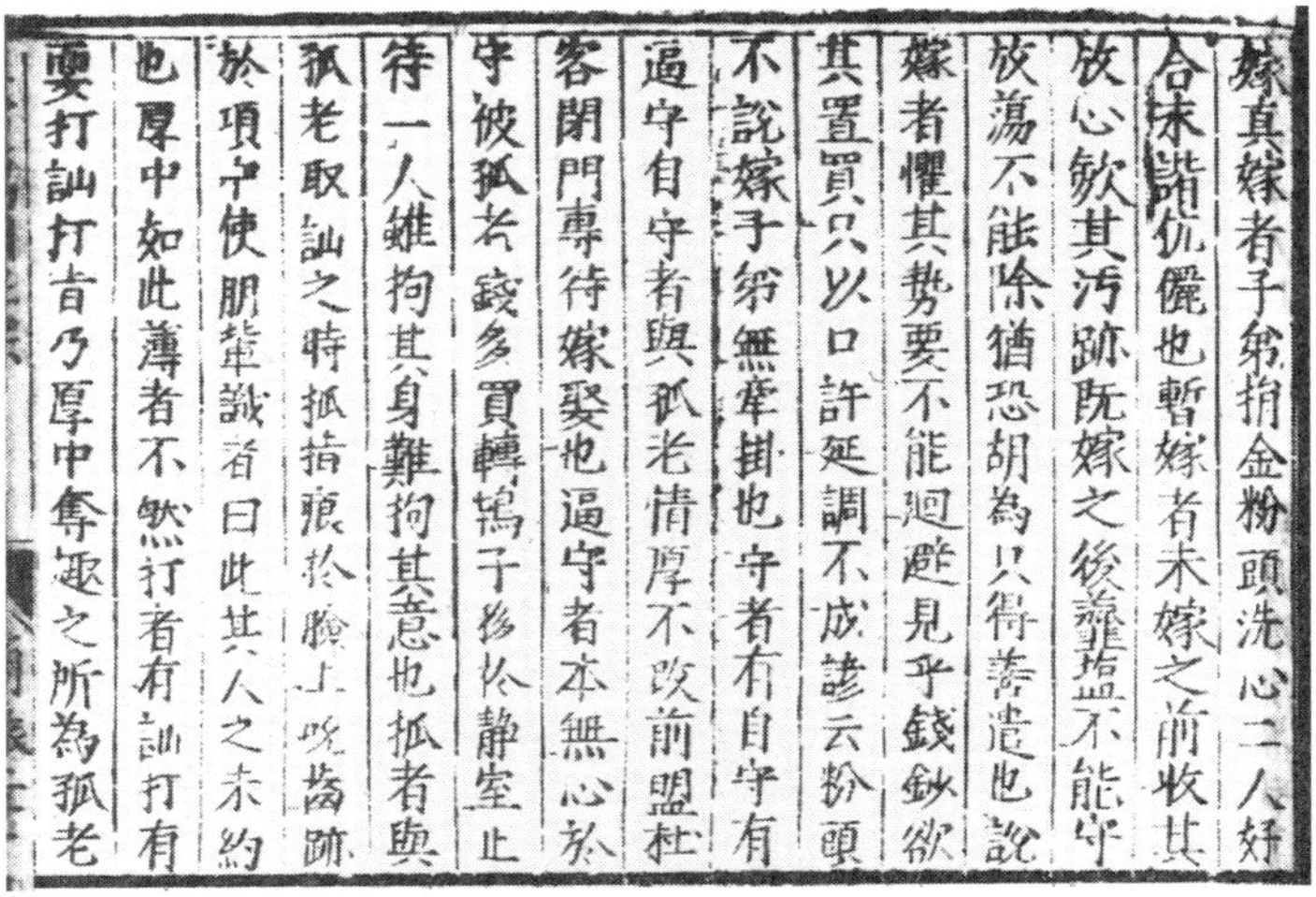

嫁。眞嫁者、子弟捐金、粉頭洗心、二人好
合、求諧伉儷也。暫嫁者、未嫁之前、收其
放心、斂其汚跡。旣嫁之後、虀鹽不能守、
放蕩不能除、猶恐胡爲、只得善遣也。說
嫁者、懼其勢要、不能廻避、見乎錢鈔、欲
其置買、只以口許、延調不成。諺云、粉頭
不說嫁、子弟無牽掛也。守者、有自守、有
逼守。自守者、與孤老情厚、不改前盟。杜
客閉門、專待嫁娶也。逼守者、本無心於
守、被孤老錢多、買轉鴇子、移於靜室、止
待一人。雖拘其身、難拘其意也。抓者、與
孤老取訕之時、抓指痕於臉上、吮齒跡
於項中、使朋輩識者曰、此其人之失約
也。厚中如此、薄者不然。打者、訕打、有
要打。訕打者、乃厚中奪趣之所爲。孤老

入門、揪耳問曰、連日如何不來。又在那
家行走。一一從頭、與我招出。拳頭剛歇、
巴掌又隨。變臉越打、陪笑則休也。耍打
者、不在厚中、惡其吃醋、或因索物不得、
或因一事不遂、借打爲由、以雪其恨也。
剪者、有眞剪、有拒剪。眞剪者、事雖古有、
今亦效顰。分當頂之青絲、借情人之口
齒、繫以綵繩、永爲表記也。拒剪者、但言
燒剪、以言強拒。一燒則絕、一剪則斷。你
我情長、何須如此也。刺者、計雖苦肉、而
難爲情。三針一排、爲之畫。五針一排、爲
之刺。鮮血旣出、以墨按之。口雖言而不
痛、實捱乎至疼。瘡靨脫去、筆畫方眞。非
至情別不能也。燒者、古人之病入膏肓
則灸、今人情連肺腑則燒。胭脂爲壯、其

疤紅。草紙爲壯、其疤黑。絲綿爲壯、其疤
白。香頭爲壯、其疤陷。若以艾爲壯、決非
風月之事。乃灸病耳。有單燒、有雙燒、有
復燒、有妬燒、有合同燒、有豆瓣燒、有鼎
足燒、有桌脚燒、有梅花燒、有全粧燒、有
騙燒、有村燒、有無情燒、有萬里拱月燒。
若單燒者、我燒你不燒、你燒我不燒也。
雙燒者、男從女順、彼此心同、正當會合
之際、方設山海之盟、聯膊共苦、二壯齊
明也。復燒者、恩愛至痛、燒不盡情。疤痕
未痊、從而復火也。妬燒者、舊人懸絶、形
跡尚存、事雖已往、留則嫌疑、如其不毀、
尤恐情疎、舊跡既滌、擇地新燒也。合同
燒者、男左女右、兩手環抱、安壯於中、未
燒先誓、人各虎口之上、痕如缺月之形

也。豆瓣燒者、或膊之上、或胸之間、兩痕
相竝、形如卧蠶也。鼎足燒者、上一下二、
勢若堆珠也。桌脚燒者、口字之角、各安
一壯也。梅花燒者、疤痕攢蹙形、若梅花
也。全粧燒者、壯數最多、其燒最苦。額間
纓珞、耳畔排環、左右手之連珠鐲、前後
心胸、臂花通袖而過膊結帶、以懸腰也。
騙燒者、薄情之輩、賣俏奪乖、一時之誤、
以至如此也。村燒者、有一莊家與一妓
人交往、妓因使大錢、無以奉承。或一日
妓曰、你我雖厚、未見有情、我與你燒一
壯何如。莊家曰、可。妓自安壯燒罷。莊家
蹺起脚來、指以孤拐上、曰、可安壯於此。
妓失色、曰、何謂。莊家曰、連我脚氣灸除
了罷也。無情燒者、壯刺蜂窩孔、塡鐵磧

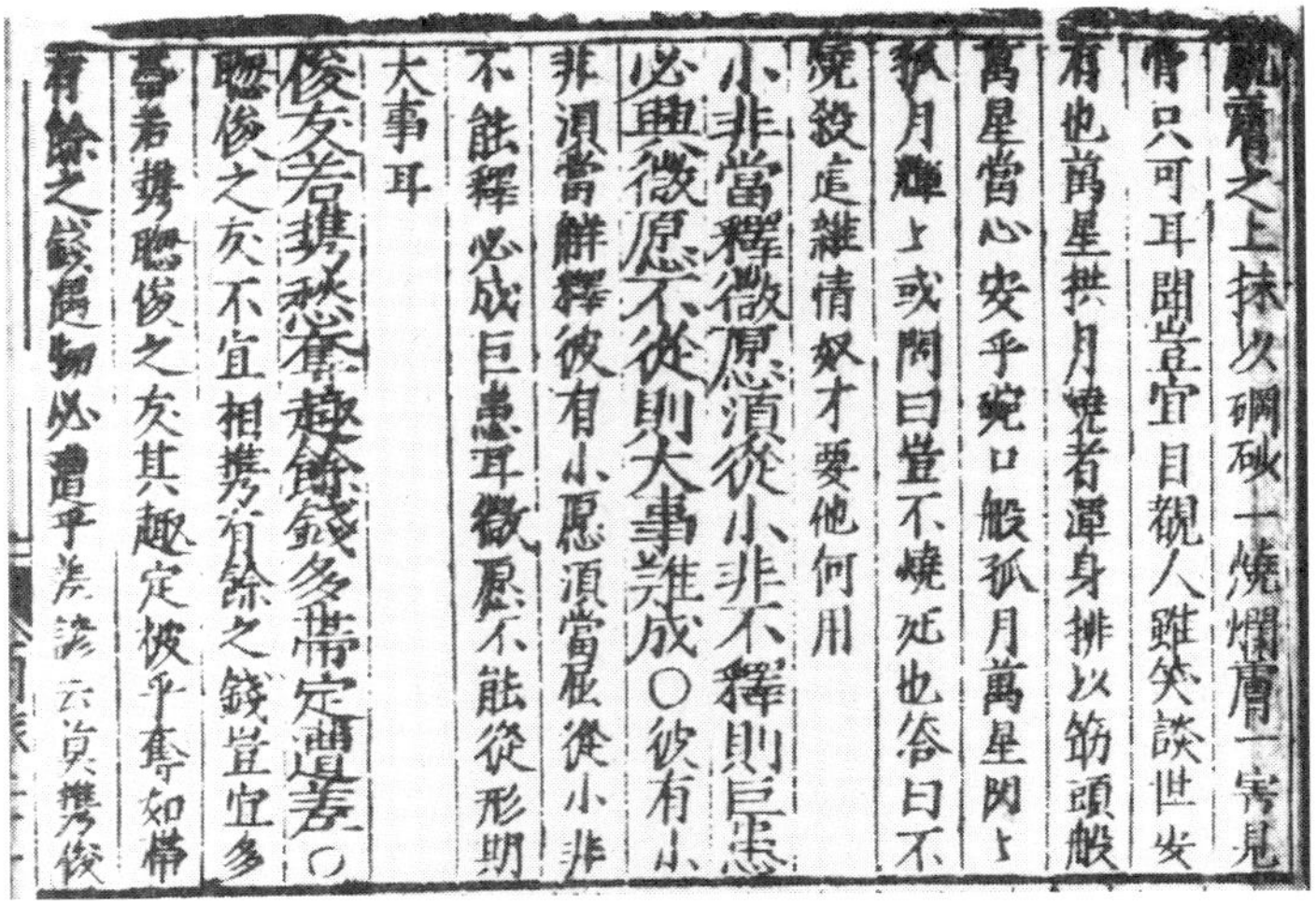
肌膚之上抹以硇砂一燒爛膚一害見
骨只可耳聞豈宜目覩人雖笑談世安
有也萬星拱月燒者渾身排以筋頭般
萬星當心安乎碗口般孤月萬星閃々
孤月輝々或問曰豈不燒死也答曰不
燒殺這雜情奴才要他何用
小非當釋微愿須從小非不釋則巨患
必興微愿不從則大事難成○彼有小
非須當解釋彼有小愿須當屈從小非
不能釋必成巨患耳微愿不能從形期
大事耳
俊友若携愁奪趣餘錢多帶定遭差○
聰俊之友不宜相携有餘之錢豈宜多
帶若携聰俊之友其趣定彼乎奪如帶
有餘之錢遇物必費乎差諺云莫携俊

肌膚之上、抹以硇砂一燒、爛膚一害見骨。只可耳聞、豈宜目覩。人雖笑談、世安有也。萬星拱月燒者、渾身排以（似？）筋頭般、萬星當心、安乎碗口般。孤月萬星閃閃、孤月輝輝。或問曰、豈不燒死也。答曰、不燒殺這雜情奴才、要他何用。

【三六】小非當釋、微願須從。小非不釋、則巨患必興。微願不從、則大事難成。○彼有小非、須當解釋。彼有小願、須當屈從。小非不能釋、必成巨患耳。微願不能從、形（難）期大事耳。

【三七】俊友若携、愁奪趣。餘錢多帶、定遭差。○聰俊之友、不宜相携。有餘之錢、豈宜多帶。若携聰俊之友、其趣定彼乎奪。如帶有餘之錢、遇物必然多用。* 諺云、莫携俊

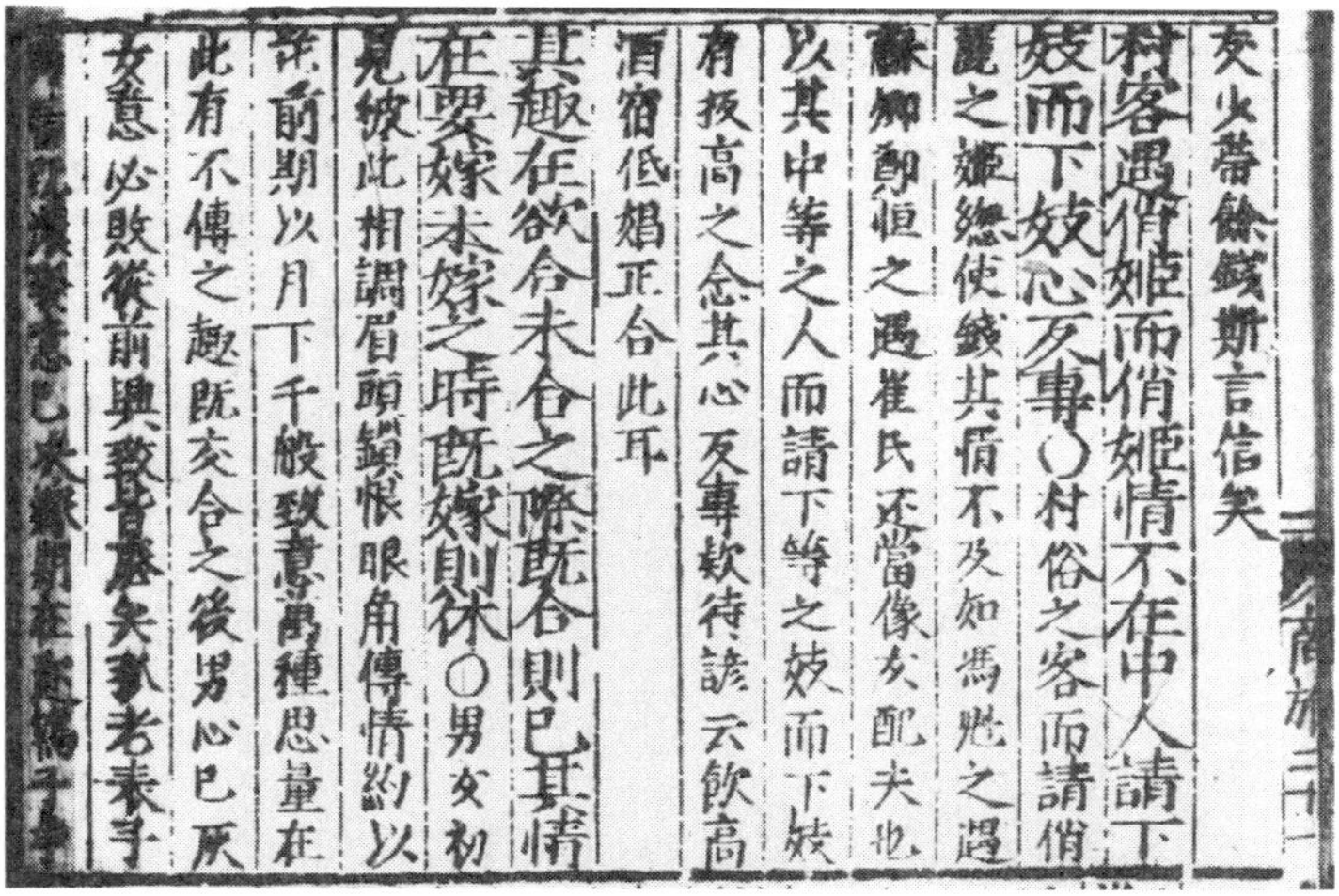

友少帶餘錢斯言信矣
村客遇俏姬而俏姬情不在中人請下
妓而下妓心反專○村俗之客而請俏
麗之姬總使錢其情不及如馮魁之遇
蘇卿鄭恆之遇崔氏還當像女配夫也
以其中等之人而請下等之妓而下妓
有扳高之念其心反專欵待諺云飲高
酒宿低娼正合此耳
其趣在欲合未合之際既合則已其情
在要嫁未嫁之時既嫁則休○男女初
見彼此相調眉頭鎖恨眼角傳情約以
花前期以月下千般致意萬種思量在
此有不傳之趣既交合之後男心已灰
女意必敗從前興致皆廢矣孤老表子
兩情既濃娶意已決嫁期在邇鴇子掙

友、少帶餘錢。斯言信矣。

＊「遇物必然多用」は『五車拔錦』本、『萬用正宗不求人』本による。

【三八】村客遇俏姬、而俏姬情不在。中人請下妓、而下妓心反專。○村俗之客、而請俏麗之姬、總使錢其情不及。如馮魁之遇蘇卿、鄭恆之遇崔氏、還當像女配夫也。以其中等之人、而請下等之妓、而下妓有扳高之念、其心反專欵待。諺云、飲高酒、宿低娼。正合此耳。

【三九】其趣在欲合未合之際。既合則已。其情在要嫁未嫁之時。既嫁則休。○男女初見、彼此相調、眉頭鎖恨、眼角傳情、約以花前、期以月下、千般致意、萬種思量。在此有不盡＊之趣。既交合之後、男心已灰、女意必敗。從前興致、皆廢矣。孤老表子、兩情既濃、娶意已決、嫁期在邇、鴇子掙

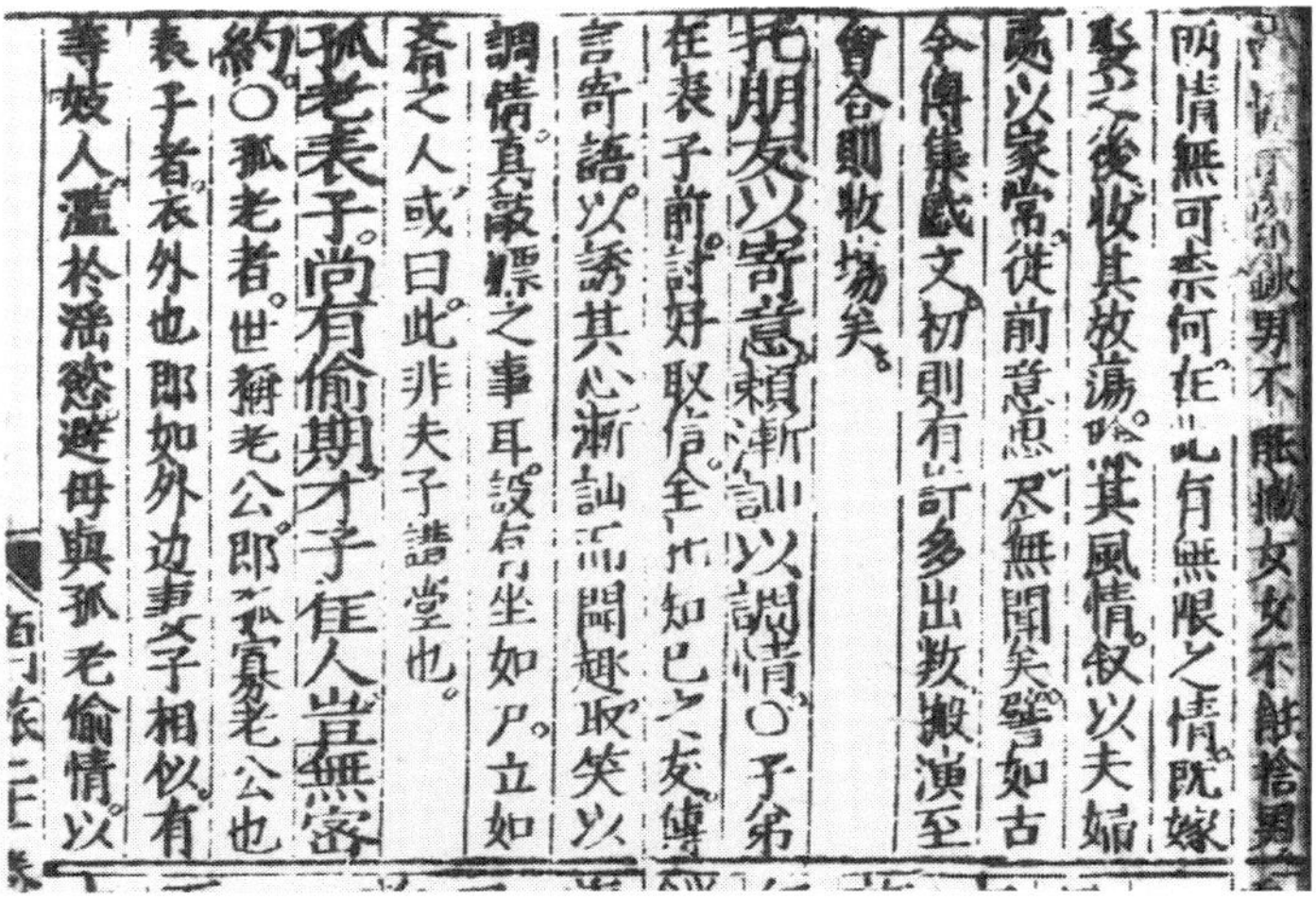

錢、撇丁索鈔、男不能撇女、女不能捨男、兩情無可奈何、在此有無限之情。既嫁娶之後、收其放蕩、除其風情、敍以夫婦、處以家常、從前意思、盡無聞矣。譬如古今傳集（奇）戯文、初則有許多出（齣）數、搬演至會合、則收場矣。

＊「在此有不盡之趣」は『妙錦萬寶全書』本による。

【四〇】托朋友以寄意、賴漸訕以調情。〇子弟在表子前、討好取信、全托知己之友、傳言寄語、以誘其心、漸訕而聞趣、取笑以調情、眞敲嫖之事耳。設有坐如尸、立如齋之人。或曰、此非夫子講堂也。

【四一】孤老表子、尚有偸期。才子佳人、豈無密約。〇孤老者、世稱老公、即孤寡老公也。表子者、衣外也。即如外邊妻子相似。有等妓人、濫於淫慾、避母與孤老偸情、以

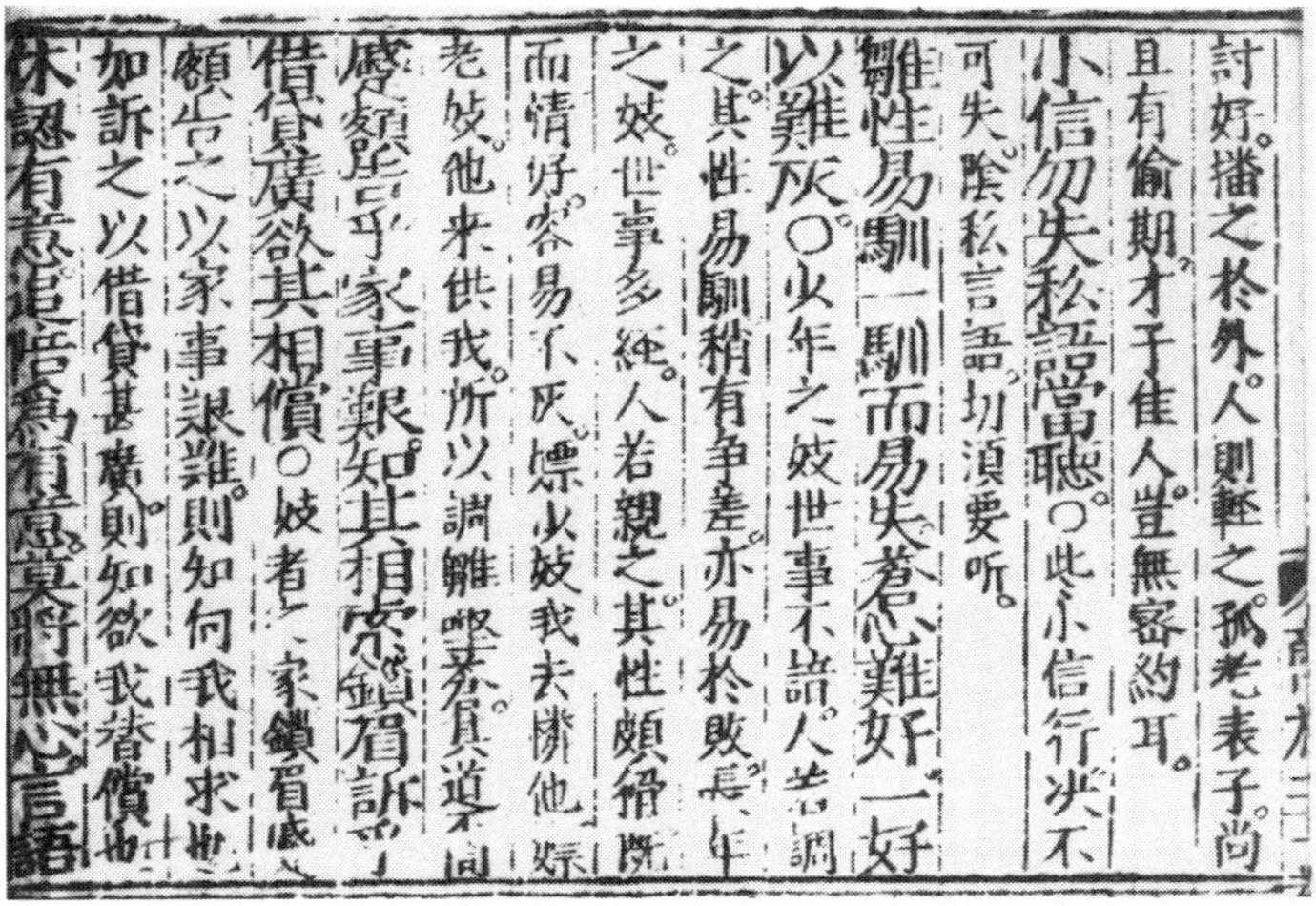

討好。播之於外、人則輕之。孤老表子、尙
且有偸期、才子佳人、豈無密約耳。

【四二】小信勿失、私語當聽。○些小信行、決不
可失。陰私言語、切須要聽。

【四三】雛性易馴、一馴而易失。蒼心難好、一好
以難灰。○少年之妓、世事不諳。人若調
之、其性易馴。稍有爭差。亦易於敗、長年
之妓、世事多經。人若親之、其性頗猾、既
而情好、容易不灰。嫖少妓、我去憐他。嫖
老妓、他來供我。所以調雛□蒼、其道不同。

【四四】甓額告乎家事艱、知其相索。鎖眉訴乎
借貸廣、欲其相償。○妓者之家、鎖眉甓
額、告之以家事艱難、則知向我相求也。
如訴之、以借貸甚廣、則知欲我替償也。

【四五】休認有意追陪爲有意。莫將無心言語

作無心。○下氣追陪、虛心欵待、莫認爲有意。意思怠惰、語言失錯、休作爲無心。

【四六】虛囂者易跌、尊重者難調。○虛囂子弟、舉止好動、作事不實、其性易於跌。尊重妓者、行藏沈默、作事安靜、其情最難調矣。

【四七】誇己有情、是設掙家之計。說娘無狀、預施索鈔之方。○表子誇奬自己有情、非有情也。乃掙家之計策也。粉頭告說鴇子無狀、非無狀也。乃要錢之萬（方）子也。

【四八】留意於顧盼之內、發情於離別之間。○筵前席上、不顧盼、不顯留密意。車東馬西、不離別、無以見眞情也。

【四九】只須應馬呼牛、最要手長脚短。○大率爲子弟者、不可認眞。呼之以牛、應之以馬。事無大小、從俗可也。凡走妓家、亦須

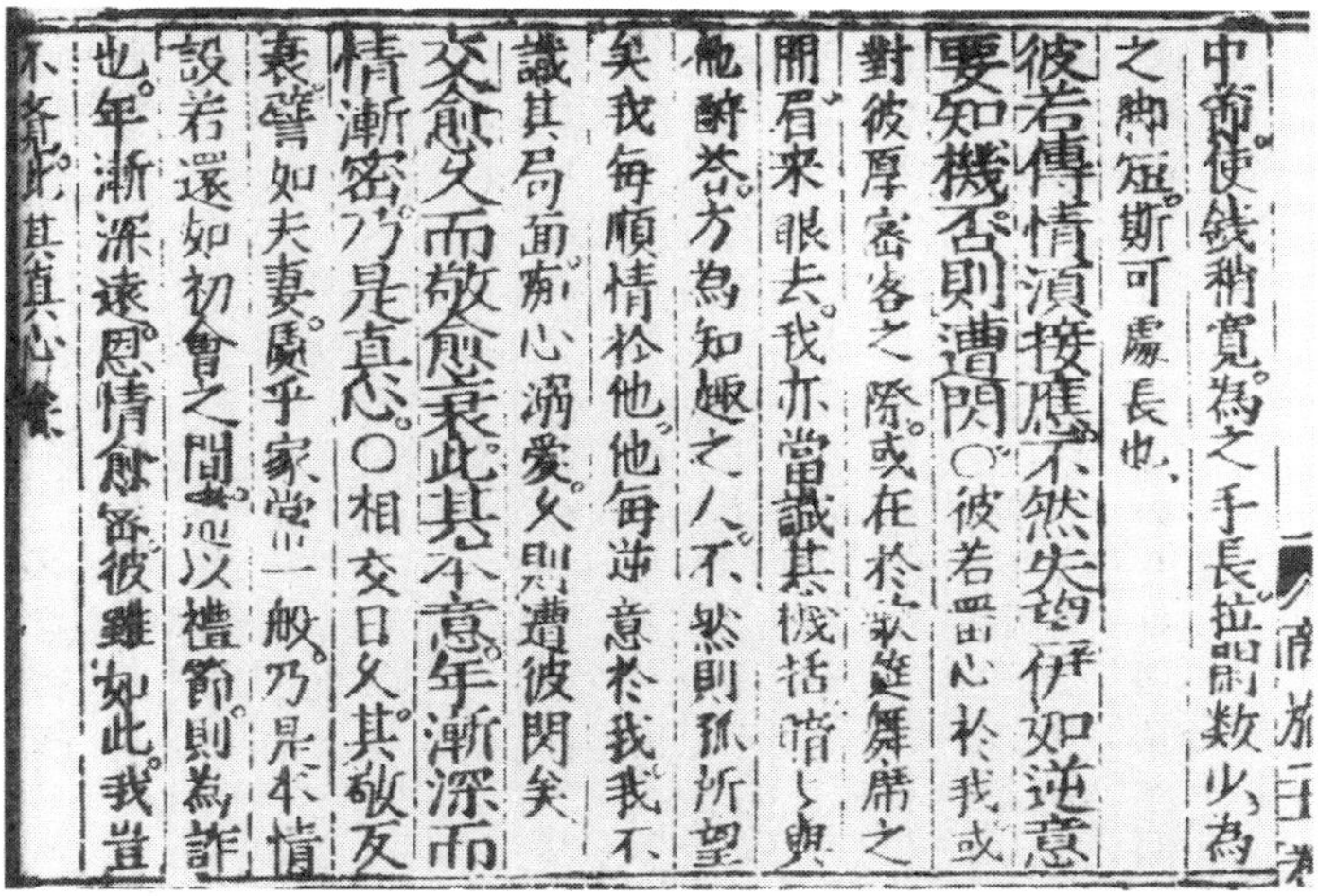

中節。使錢稍寬、爲之手長。拉閑數少、爲之脚短。斯可處長也。

【五〇】彼若傳情、須接應。不然失望。伊如逆意、要知機。否則遭閃。○彼若留心於我、或對彼厚密客之際、或在於歌筵舞席之間、眉來眼去、我亦當識其機括、暗暗與他酧答、方爲知趣之人。不然則孤所望矣。我每順情於他、他每逆意於我、我不識其局面、癡心溺愛、久則遭彼閃矣。

【五一】交愈久而敬愈衰、此其本意。年漸深而情漸密、乃是眞心。○相交日久、其敬反衰。譬如夫妻、處乎家常一般、乃是本情。設若還如初會之間、□以禮節、則爲詐也。年漸深遠、恩情愈密。彼雖如此、我豈不覺。此其眞心矣。

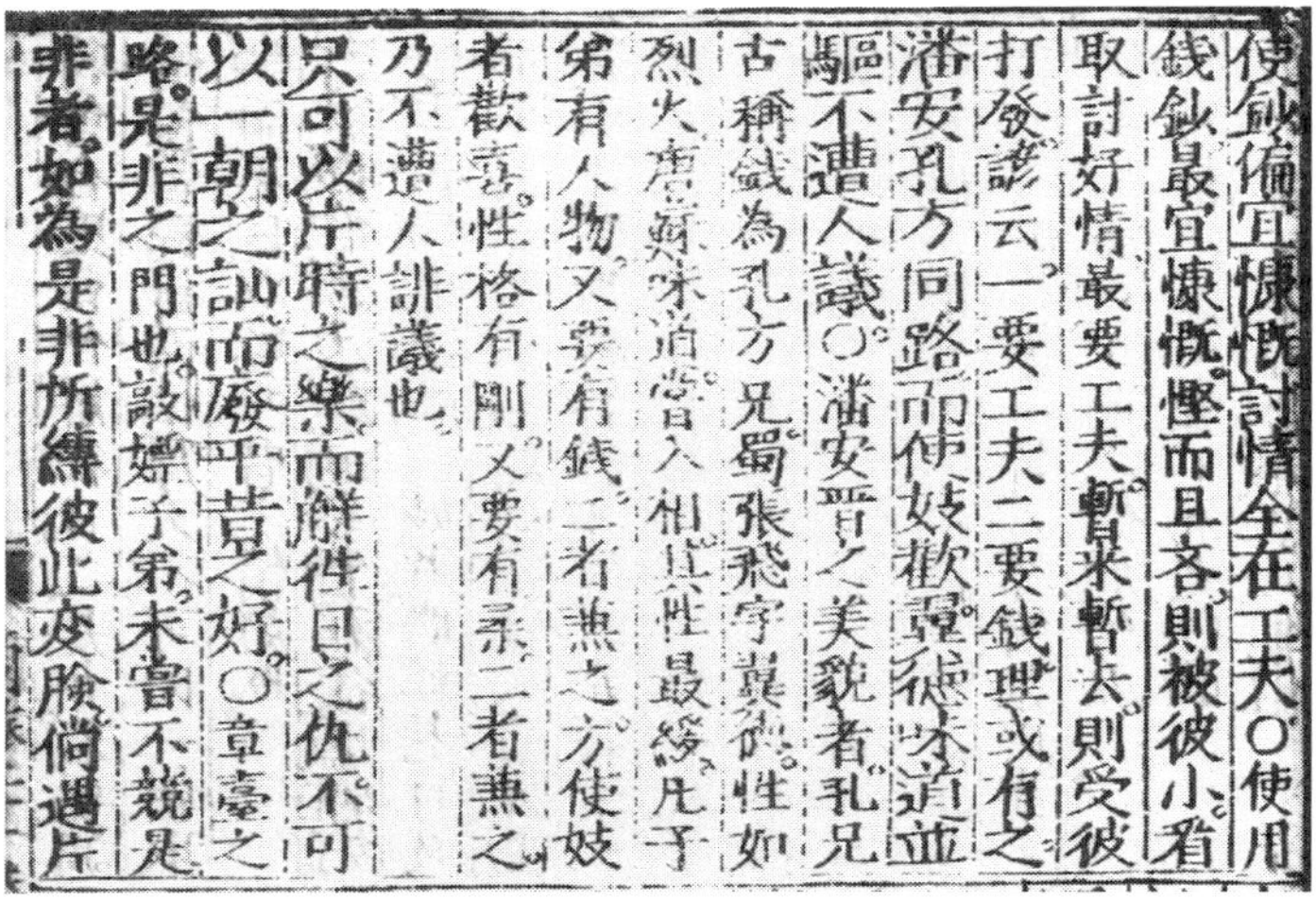

【五二】使鈔偏宜慷慨、討情全在工夫。〇使用
錢鈔最宜慷慨。慳而且吝、則被彼小看。
取討好情、最要工夫。暫來暫去、則受彼
打發。諺云、一要工夫、二要錢、理或有之。

【五三】潘安孔方同路、而使妓歡。翼德味道竝
驅、不遭人議。〇潘安晉之美貌者、孔兄
古稱錢爲孔方兄。蜀張飛字翼德、性如
烈火。唐蘇味道、嘗入相、其性最緩。凡子
弟有人物、又要有錢。二者兼之、方使妓
者歡喜。性格有剛、又要有柔。二者兼之、
乃不遭人誹議也。

【五四】只可以片時之樂、而解往日之仇。不可
以一朝之訕、而廢平昔之好。〇章臺之
路、是非之門也。敲嫖子弟、未嘗不競是
非者。如爲是非所縛、彼此變臉。倘遇片

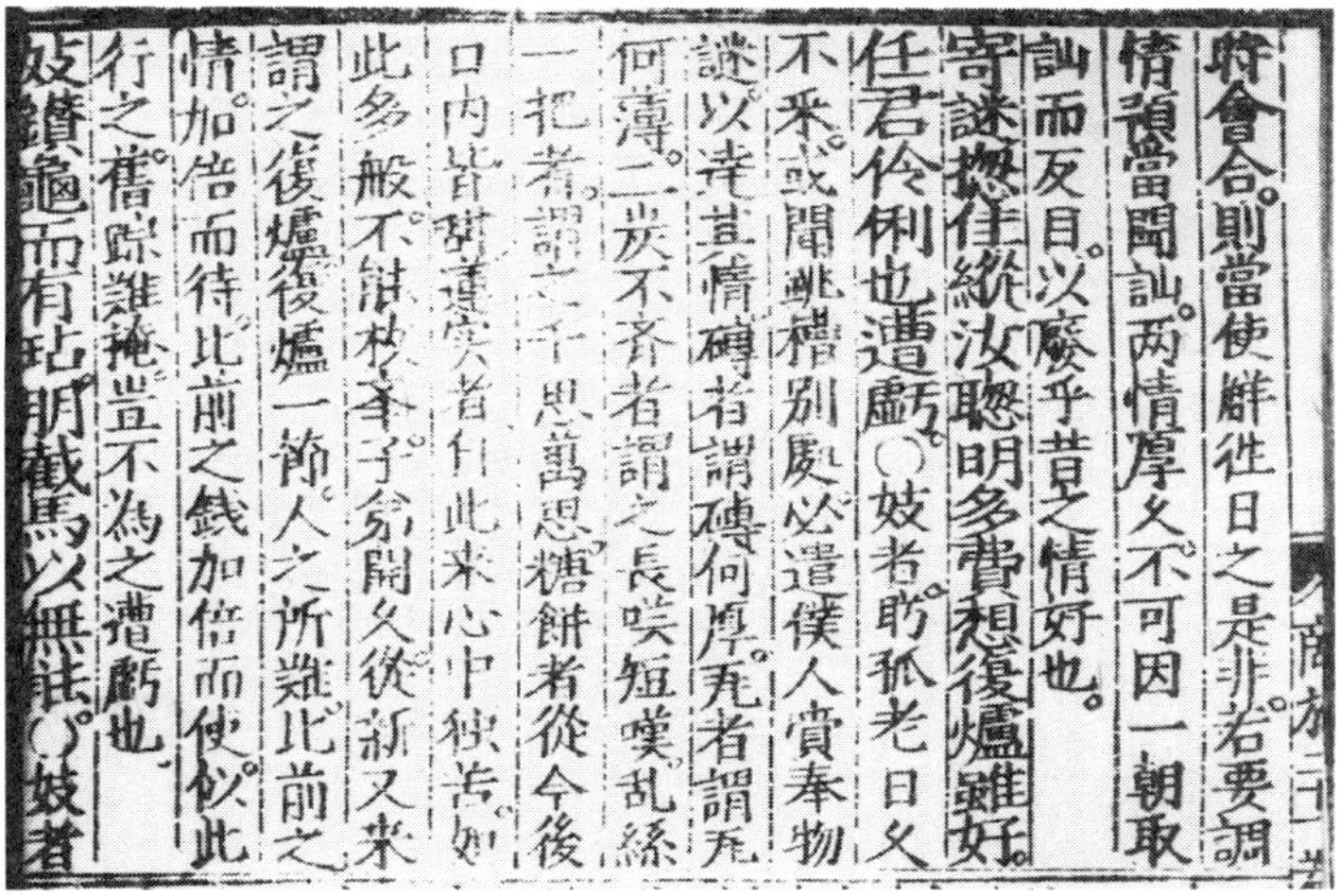

時會合、則當使解往日之是非。若要調
情、預當聞訕、兩情厚久。不可因一朝取
訕而反目、以廢乎昔之情好也。

【五五】寄謎總佳、縱汝聰明、多費想。復爐雖好、
任君伶俐、也遭虧。○妓者、盼孤老日久
不來、或聞跳槽別處、必遣僕人賫奉物
謎、以達其情。甎者謂甎何厚。瓦者謂瓦
何薄。二炭不齊者、謂之長嘆短嘆。亂絲
一把者、謂之千思萬思。糖餅者、從今後
口内皆甜。蓮實者、自此來心仲獨苦。如
此多般、不能枚擧。子弟開久、從新又來、
謂之復爐。復爐一節、人之所難、比前之
情、加倍而待、比前之錢、加倍而使。似此
行之、舊踪難掩。豈不爲之遭虧也。

【五六】妓鑽龜而有玷、朋截馬以無能。○妓者

人倫雖失行止尚存若鑽龜則為有玷
莫携俊友古之為戒遭其截馬是欺無能
寧結無情猱旦不嫖有意龜婆○結猱
旦總無情其名還美嫖龜婆任有意亦
不為佳
討好則千日不足搜過則一時有餘○
討好一節世之所難容貌驚人使銭出
衆枕席能調言語皆順彼索即與彼惡
即除温柔軟欵下氣虚心如此總千日
尚不足若搜其過此事極易隠其所長
攻其所短剝削乎言語投挐乎失錯彼
之是以為非彼之善以為惡如此雖一
時而有餘
乖人惟奪趣痴客定爭鋒○伶俐之人
惟求奪趣痴呆之客屢見爭鋒

人倫雖失、行止尙存。若鑽龜則爲有玷。
莫携俊友、古之爲戒。遭其截馬、是欺無能。

【五七】寧結無情猱旦、不嫖有意龜婆。○結猱旦、總無情、其名還美。嫖龜婆、任有意、亦不爲佳。

【五八】討好、則千日不足。搜過、則一時有餘。○討好一節、世之所難。容貌驚人、使錢出衆。枕席能調、言語皆順。彼索卽與、彼惡卽除。溫柔軟欵、下氣虛心。如此總千日尙不足。若搜其過、此事極易。隱其所長、攻其所短。剝削乎言語、投挐乎失錯。彼之是以爲非、彼之善以爲惡。如此雖一時而有餘。

【五九】乖人惟奪趣、癡客定爭鋒。○伶俐之人、惟求奪趣、癡呆之客、屢見爭鋒。

【六〇】諛言疊至、知相索。訕語頻來、定要開。○阿諛之言、疊疊而至、則知要需索也。譏訕之語頻頻而來、則知要蹬開也。

【六一】跳槽難求實好、梳籠惟慕虛名。○雜情之客、慣於跳槽、欲求情好、何可得焉。好強之士、尚於梳籠、相從未久、不過虛名。

【六二】莫以勢壓、當以情親。○風月場中、不可以勢相壓。花柳叢内、最要以情相親。以勢壓者、勢敗則休。以情親者、情深愈密。

【六三】頻頻喚酒不來、厭房中之久坐。疊疊呼茶甚急、願堂上之速行。○在於妓家、置酌之際、盤飧將蘭、壺觴不續、彼呼以酒、久之不來、是厭客之久坐也。在於妓家閑走之時、賓主已分、寒溫則罷、頃刻之間、呼茶奉客、一聲未已、一聲又隨、是逐

客之速行也。古云、點湯逐客。蓋指此耳。

【六四】口頭寄信非無意、眼角傳情實有心。○尋常之間、在於人前、口邊寄信、致意某人、非無意也。相對衆客、眉頭眼角、獨向一人、傳情寓意、實有心也。

【六五】題詩而寄意、歌曲以伸情。○崔氏西廂之句、韓姫紅葉之詩、彼此賡和遂成美。好歌味以養性、詞曲以伸情、君子賴此發聲、知音者必傾聽之。

【六六】三年一歲添、半載兩誕遇。○彩雲易散、美妓易老。夭夭儀容、不過十年。人間云、青春幾何。答云、十八。過二年又問、亦云、十八。計算三年總添一歲。但凡鴇子生日、孤老必置買衣服、打簪與鴇上壽。鴇子愛錢、貪心無厭。未及半載間、則做兩

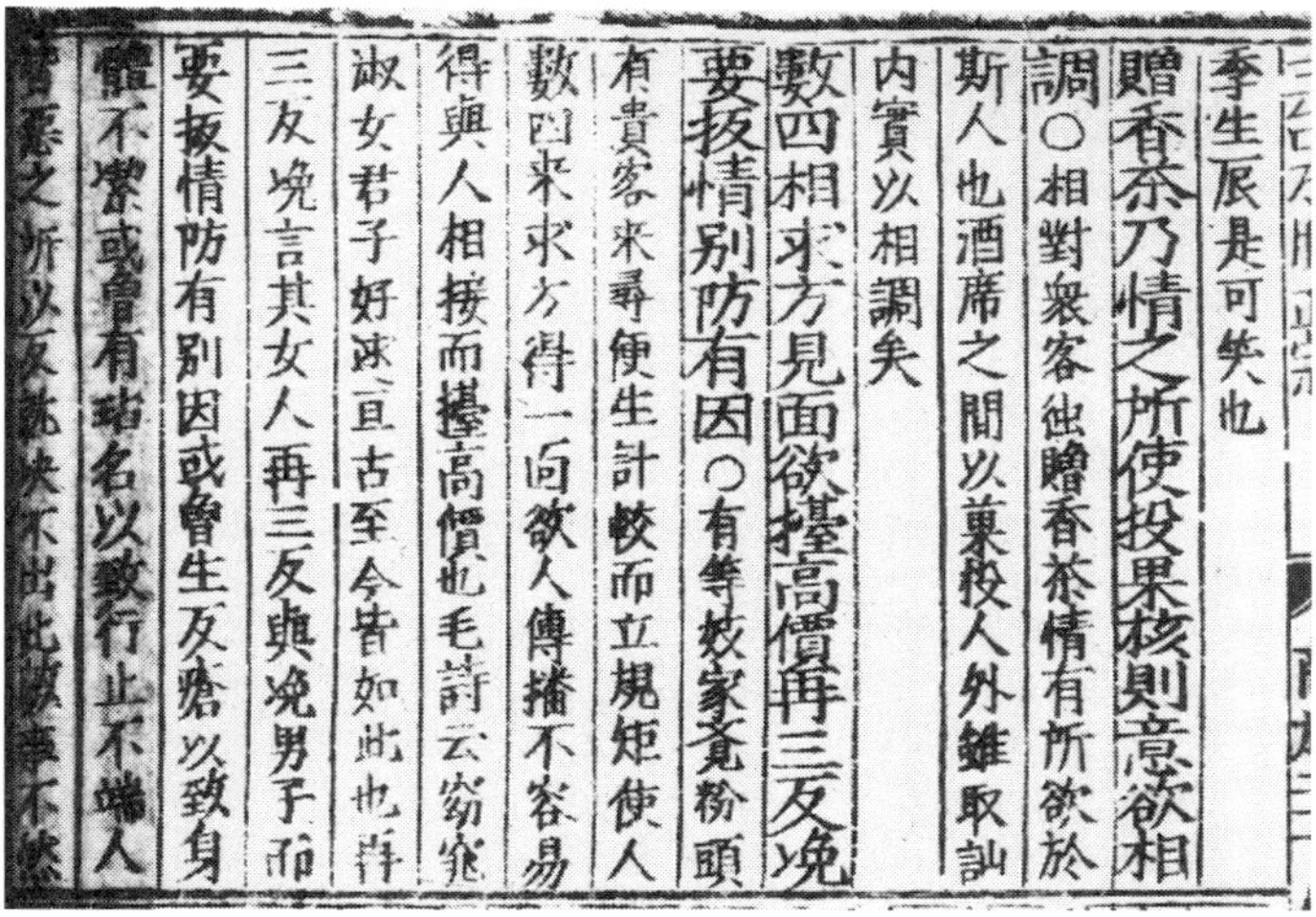
季生辰是可笑也
贈香茶乃情之所使投果核則意欲相
調○相對衆客独贈香茶情有所欲於
斯人也酒席之間以菓投人外雖取訕
內實以相調矣
數四相求方見面欲擡高價再三反浼
要扳情別防有因○有等妓家竟粉頭
有貴客來尋便生計較而立規矩使人
數四來求方得一面欲人傳播不容易
得與人相接而擡高價也毛詩云窈窕
淑女君子好逑亘古至今皆如此也再
三反浼言其女人再三反與浼男子而
要扳情防有別因或曾生反瘡以致身
體不潔或曾有玷名以致行止不端人
皆惡之所以反浼決不出此數事不然

季生辰。是可笑也。

【六七】贈香茶、乃情之所使。投果核、則意欲相調。○相對衆客、獨贈香茶、情有所欲於斯人也。酒席之間、以菓投入、外雖取訕、內實以相調矣。

【六八】數四相求、方見面、欲擡高價。再三反浼要扳情、別防有因。○有等妓家、貴客來尋、便生計較、而立規矩、使人數四來求、方得一面、欲人傳播不容易得與人相接、而擡高價也。再三反浼、言女人或生反瘡、以致不潔、或曾有玷名、以致行止不端、人皆惡之、所以反浼。決不出此數事。不然人物醜陋、行藏粗俗矣。

＊注は『妙錦萬寶全書』本によった。

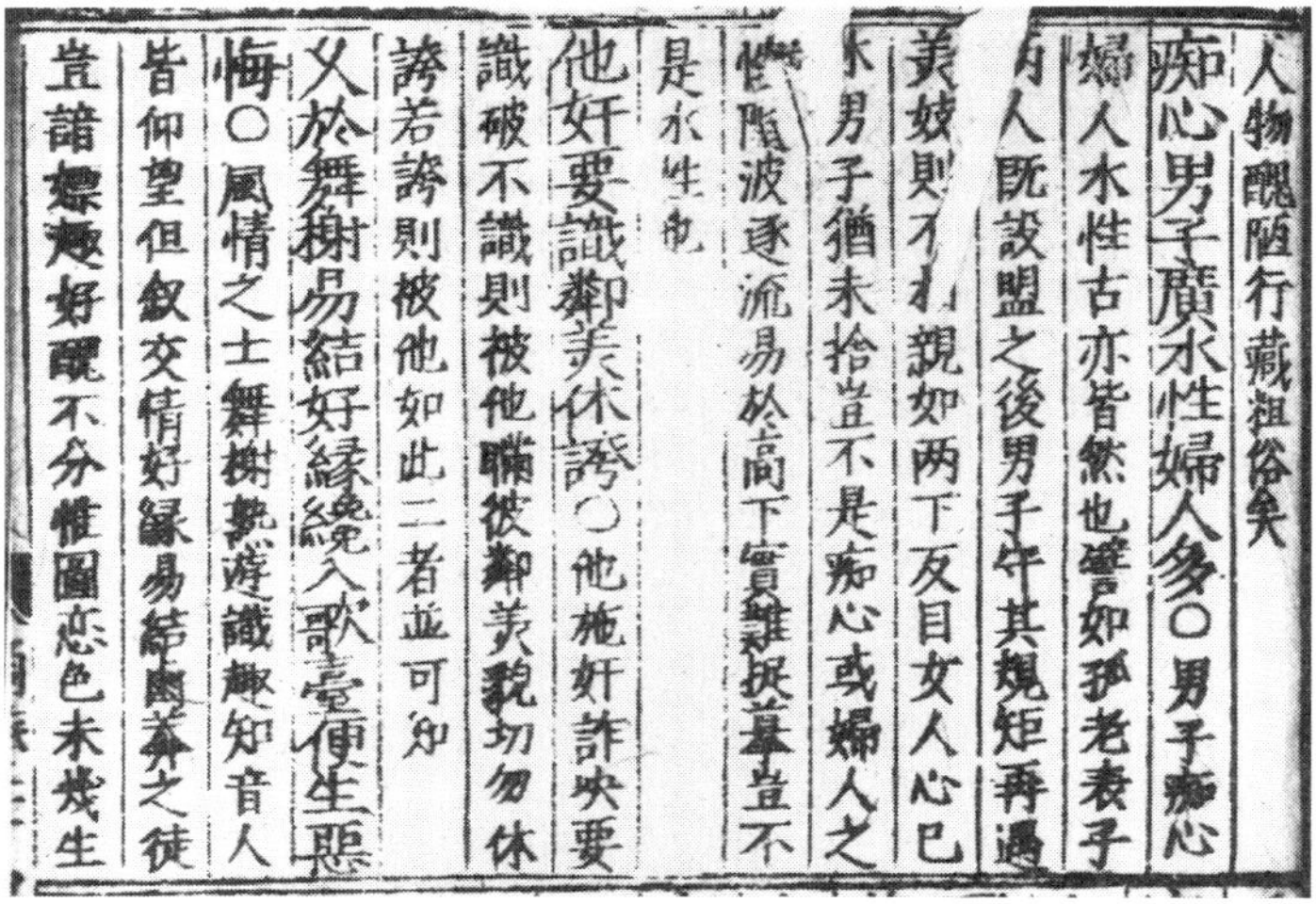
人物醜陋行藏粗俗矣
痴心男子廣水性婦人多○男子痴心婦人水性古亦皆然也譬如孤老表子兩人既設盟之後男子守其規矩再遇美妓則不相親如兩下反目女人心已灰男子猶未捨豈不是痴心或婦人之性隨波逐流易於高下實難捉摹豈不是水性也
他奸要識鄰美休誇○他施奸詐決要識破不識則被他瞞彼鄰美貌切勿休誇若誇則被他如此二者並可知
久於舞榭易結好緣纔入歌臺便生惡悔○風情之士舞榭熟遊識趣知音人皆仰望但敘交情好緣易結鹵莽之徒豈諳嫖趣好醜不分惟圖戀色未幾生

【六九】癡心男子廣、水性婦人多。○男子癡心婦人水性、古亦皆然也。譬如孤老表子兩人既設盟之後、男子守其規矩、再遇美妓、則不相親、如兩下反目、女人心已*休、男子猶未捨、豈不是癡心。或婦人之性隨波逐流、易於高下、實難捉摹。豈不是水性也。

＊「女人心已休」は『五車拔錦』本、『萬用正宗不求人』本によった。『妙錦萬寶全書』本は休を灰に作る。

【七〇】他奸要識、鄰美休誇。○他施奸詐、決要識破。不識則被他瞞。彼鄰美貌、切勿休誇。若誇則被他如此。二者竝可知。

【七一】久於舞榭、易結好緣。纔入歌臺、便生惡悔。○風情之士、舞榭熟遊、識趣知音、人皆仰望。但敍交情、好緣易結。鹵莽之徒、豈諳嫖趣、好醜不分、惟圖戀色。未幾生

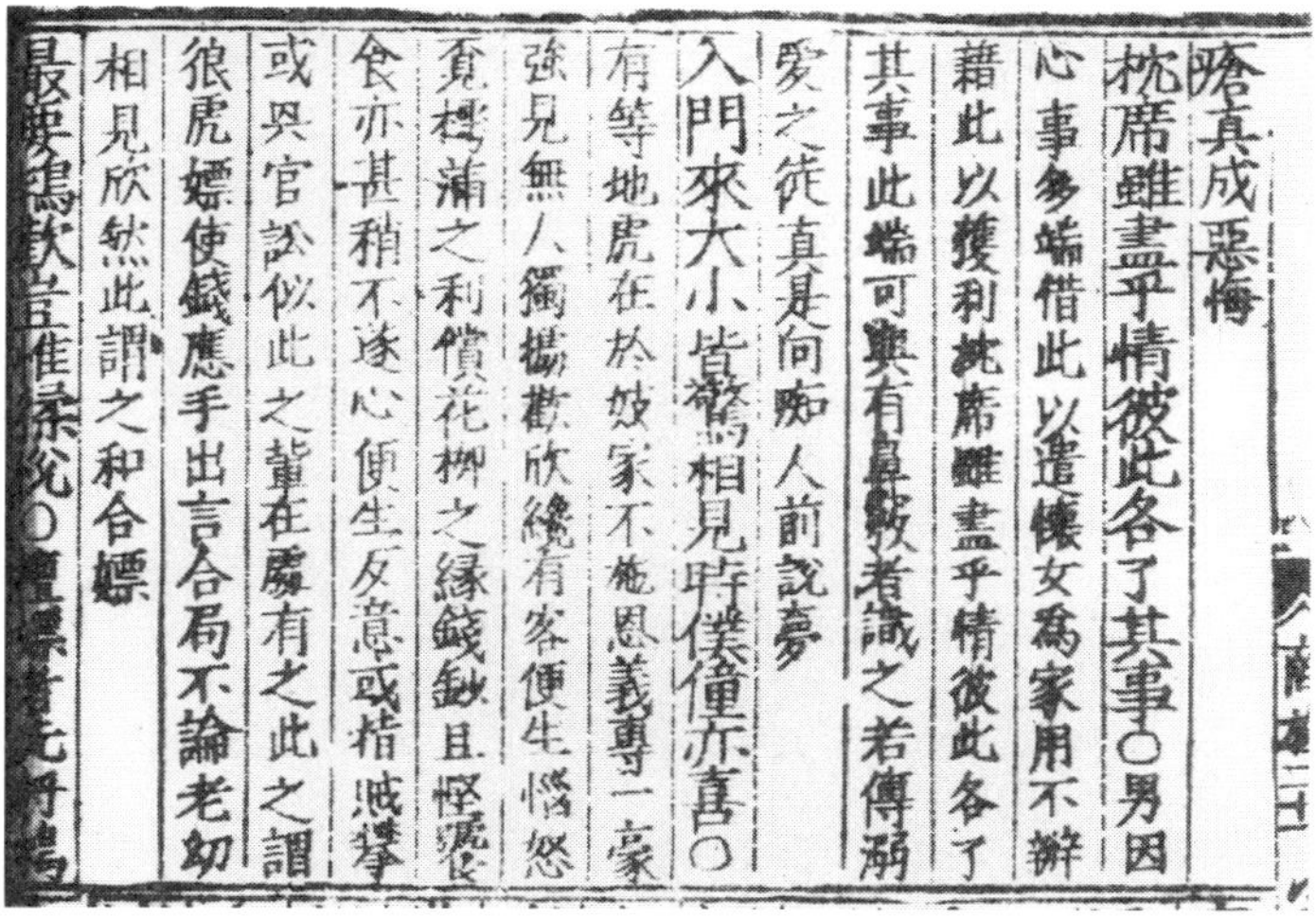
瘡眞成惡悔
枕席雖盡乎情彼此各了其事○男因
心事多端借此以遺懷女爲家用不辦
藉此以獲利枕席雖盡乎情彼此各了
其事此端可與有鼻竅者識之若傳溺
愛之徒眞是向癡人前說夢
入門來大小皆驚相見時僕僮亦喜○
有等地虎在於妓家不施恩義專一豪
強見無人獨據歡欣纔有客便生惱怒
覓樗蒲之利償花柳之緣錢鈔且慳饕
食亦甚稍不遂心便生反意或指賊攀
或興官訟似此之輩在處有之此之謂
狼虎嫖使錢應手出言合局不論老幼
相見欣然此謂之和合嫖
最要鴇歡豈惟猱悅○擅嫖者先將鴇

瘡、眞成惡悔。

【七二】枕席雖盡乎情、彼此各了其事。○男因心事多端、借此以遺懷。女爲家用不辦、藉此以獲利。枕席雖盡乎情、彼此各了其事。此端可與有鼻竅者識之。若傳溺愛之徒、眞是向癡人前說夢。

【七三】入門來、大小皆驚。相見時、僕僮亦喜。○有等地虎在於妓家、不施恩義、專一豪強、見無人獨據歡欣、纔有客便生惱怒。覓樗蒲之利、償花柳之緣。錢鈔且慳、饕食亦甚稍。不遂心、便生反（歹）意*。或指賊攀、或興官訟。似此之輩、在處有之。此之謂狼虎嫖。使錢應手、出言合局、不論老幼、相見欣然。此謂之和合嫖。

＊『萬用正宗不求人』本は「便生惡意」に作る。

【七四】最要鴇歡、豈惟猱悅。○擅嫖者*、先將鴇

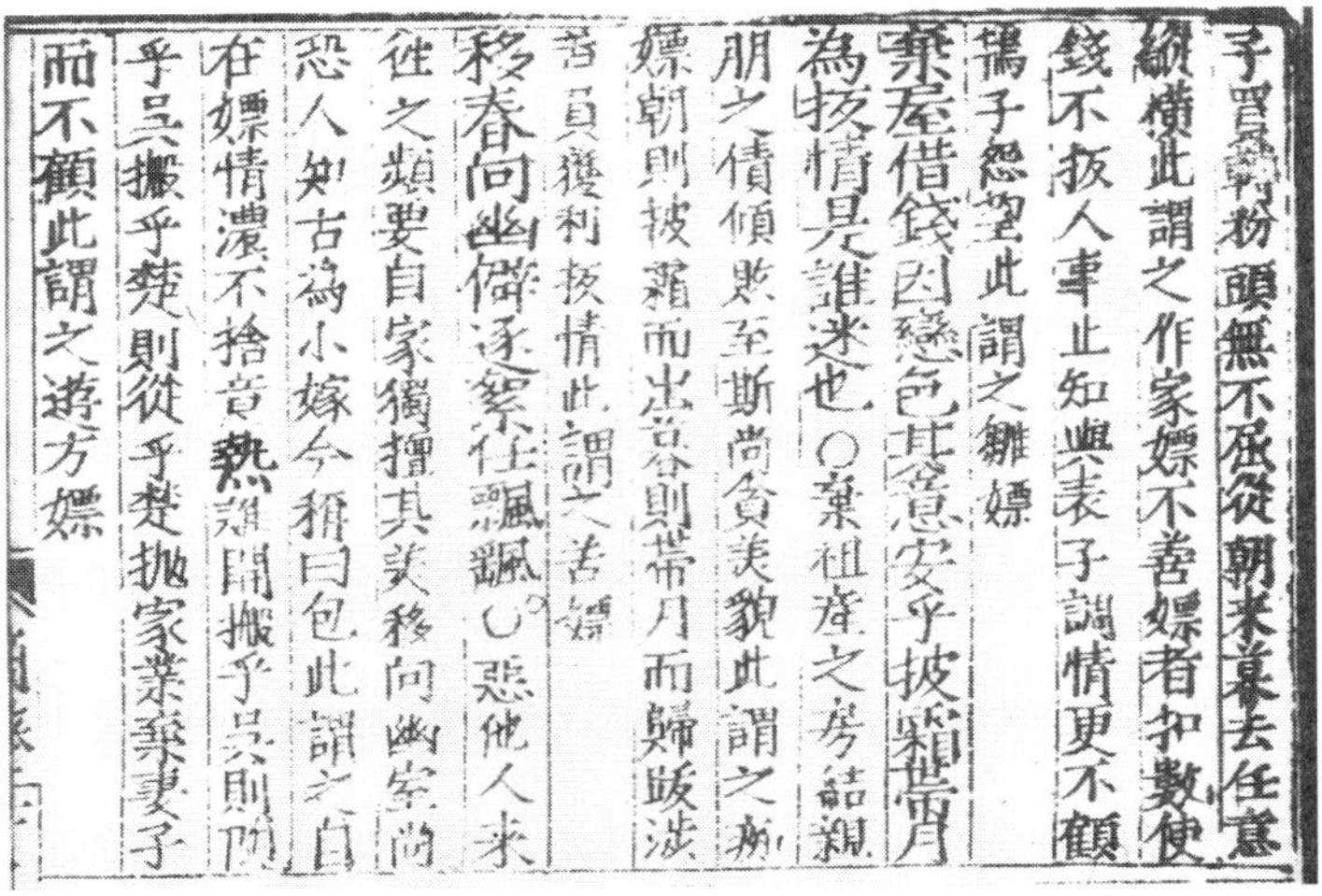
子買轉粉頭無不屈從朝來暮去任意
縱横此謂之作家嫖不善嫖者扣數使
錢不扳人事止知與表子調情更不顧
鴇子怨望此謂之雛嫖
棄屋借錢因戀色其意安乎披霜帶月
為扳情是誰迷也○棄祖産之房結親
朋之債傾敗至斯尚貪美貌此謂之痴
嫖朝則披霜而出暮則帶月而歸跋涉
苦貪獲利扳情此謂之苦嫖
移春向幽僻逐絮任飄颻○惡他人來
往之頻要自家獨擅其美移向幽室尚
恐人知古為小嫁今稱曰包此謂之自
在嫖情濃不捨意熱難開搬乎吳則隨
乎吳搬乎楚則從乎楚抛家業棄妻子
而不顧此謂之遊方嫖

子買轉、粉頭無不屈從。朝來暮去、任意縱横。此謂之作家嫖。不善嫖者、扣數使錢、不扳人事、止知與表子調情、更不顧鴇子怨望。此謂之雛嫖。

＊『五車拔錦』本、『萬用正宗不求人』本、『妙錦萬寶全書』本は、「善嫖者」に作る。

【七五】棄屋借錢、因戀色、其意安乎。披霜帶月、爲扳情、是誰迷也。○棄祖産之房、結親朋之債、傾敗至斯、尚貪美貌。此謂之癡嫖。朝則披霜而出、暮則帶月而歸。跋涉苦楚、*獲利扳情。貪一時之娯、受無窮之苦。*此謂之苦嫖。

＊「跋涉苦楚」「貪一時之娯、受無窮之苦」は『妙錦萬寶全書』本による。

【七六】移春向幽僻、逐絮任飄颻。○惡他人來往之頻、要自家獨擅其美、移向幽室、尚恐人知。古爲小嫁、今稱曰包。此謂之自在嫖。情濃不捨、意熱難開。搬乎吳、則隨乎吳。搬乎楚、則從乎楚。抛家業、棄妻子、而不顧。此謂之遊方嫖。

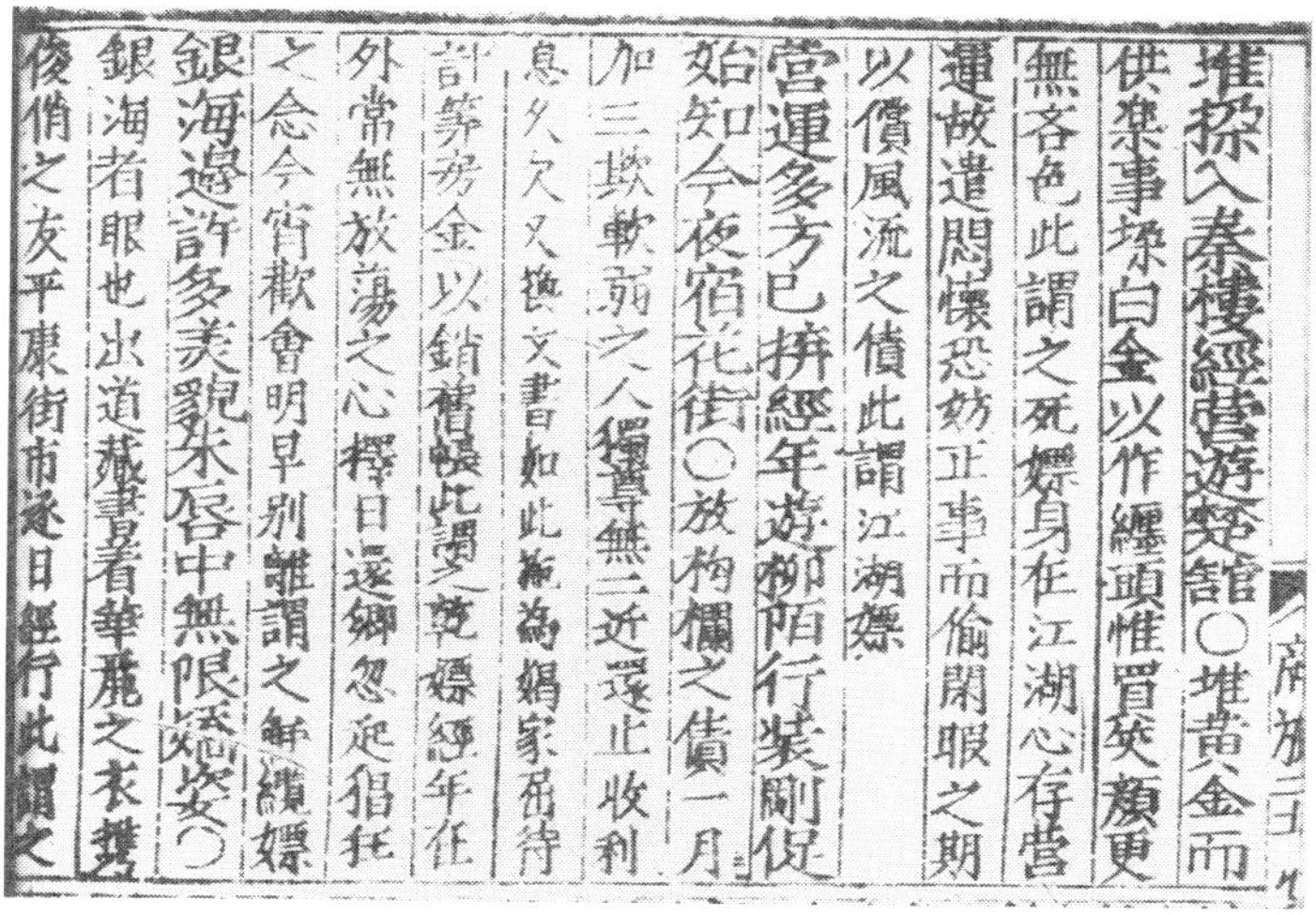

【七七】堆揬（垛）入秦樓、經營遊楚館。○堆黃金而供樂事、垛白金以作纏頭。惟買笑顏、更無吝色。此謂之死嫖。身在江湖、心存營運。故遣悶懷、恐妨正事。而偸閑暇之期、以償風流之債。此謂江湖嫖。

【七八】營運多方、已拌經年、遊柳陌。行裝剛促、始知今夜、宿花街。○放构欄之債、一月加三。欺軟弱之人、獨尊無二、近還止收利息、久缺又換文書、如此施爲娼家屈待、計算房金、以銷舊帳、此謂之乾嫖。經年在外、常無放蕩之心。擇日還鄉、忽起猖狂之念。今宵歡會、明早別離。謂之解纜嫖。

【七九】銀海邊許多美貌。朱唇中無限嬌姿。○銀海者眼也。出道藏書。着華麗之衣、携俊俏之友、平康街市、逐日經行。此謂之

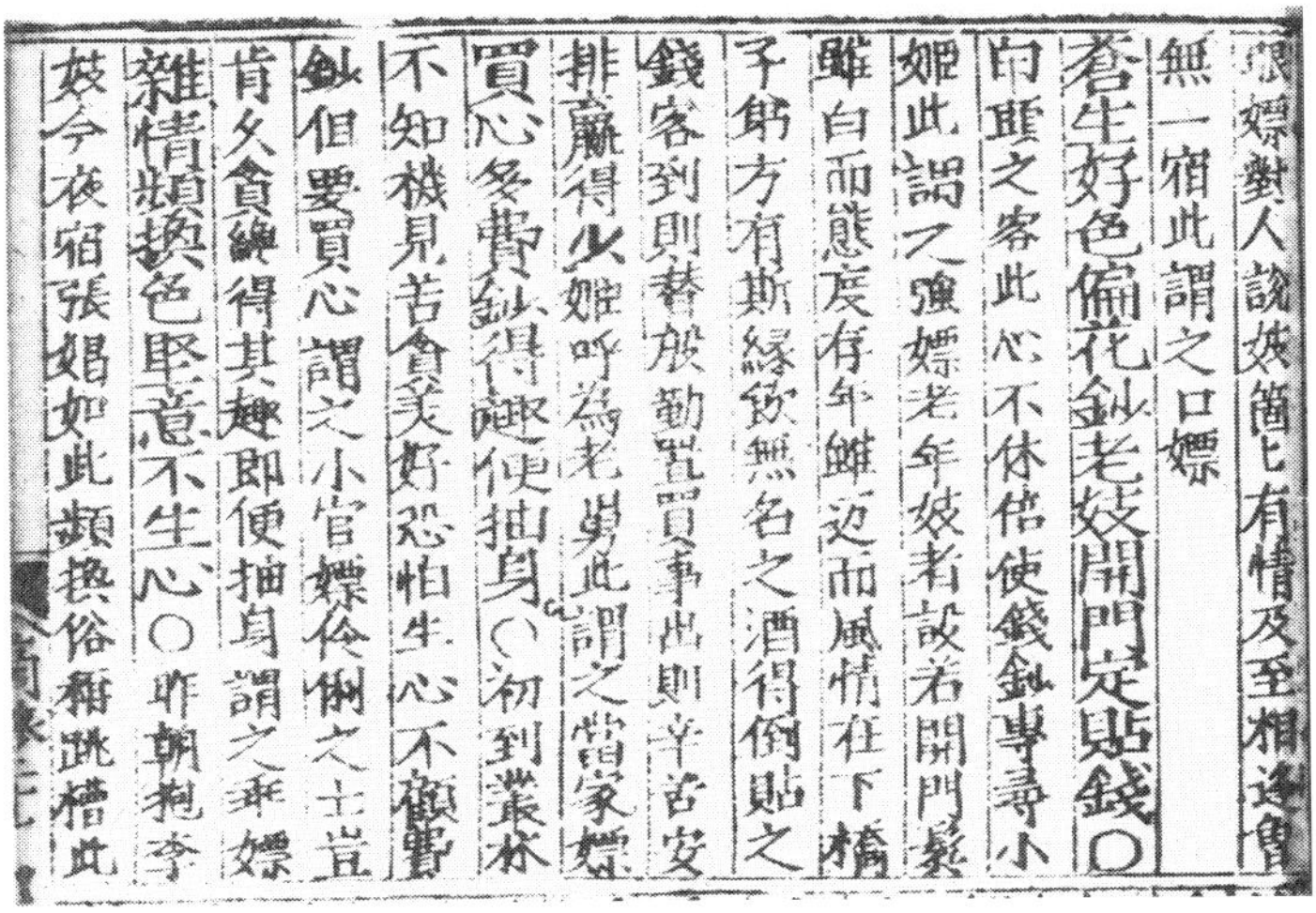
眼嫖對人說妓箇〻有情及至相逢曾
無一宿此謂之口嫖
蒼生好色偏花鈔老妓開門定貼錢○
白頭之客此心不休倍使錢鈔專尋小
姫此謂之強嫖老年妓者設若開門鬢
雖白而態度存年雖迈而風情在下橋
子鈔方有斯緣欽無名之酒得倒貼之
錢客到則替般勤置買事出則辛苦安
排廝得少姫呼為老娘此謂之當家嫖
買心多費鈔得趣便抽身○初到叢林
不知機見若貪美好恐怕生心不顧費
鈔但要買心謂之小官嫖伶俐之士豈
肯久貪纔得其趣即便抽身謂之乖嫖
雜情頻換色堅意不生心○昨朝抱李
妓今夜宿張娼如此頻換俗稱跳槽此

眼嫖。對人說妓箇箇有情、及至相逢、曾無一宿。此謂之口嫖。

【八〇】蒼生好色、偏花鈔。老妓開門、定貼錢。○白頭之客、倍使錢鈔、專尋小姫。此謂之強嫖。老年之妓、鬢雖白而態度存、設若開門、得倒貼之錢、謂之當家嫖。

＊注は『妙錦萬寶全書』本によった。

【八一】買心多費鈔、得趣便抽身。○初到叢林、貪戀美好、不惜錢鈔、但要買心、此謂之小官嫖。伶俐之士、豈肯久貪、纔得其趣、即便抽身。此謂之乖嫖。

＊注は『文林聚寶』本によった。

【八二】雜情頻換色、堅意不生心。○昨朝抱李妓、今夜宿張娼。如此頻換、俗稱跳槽。此

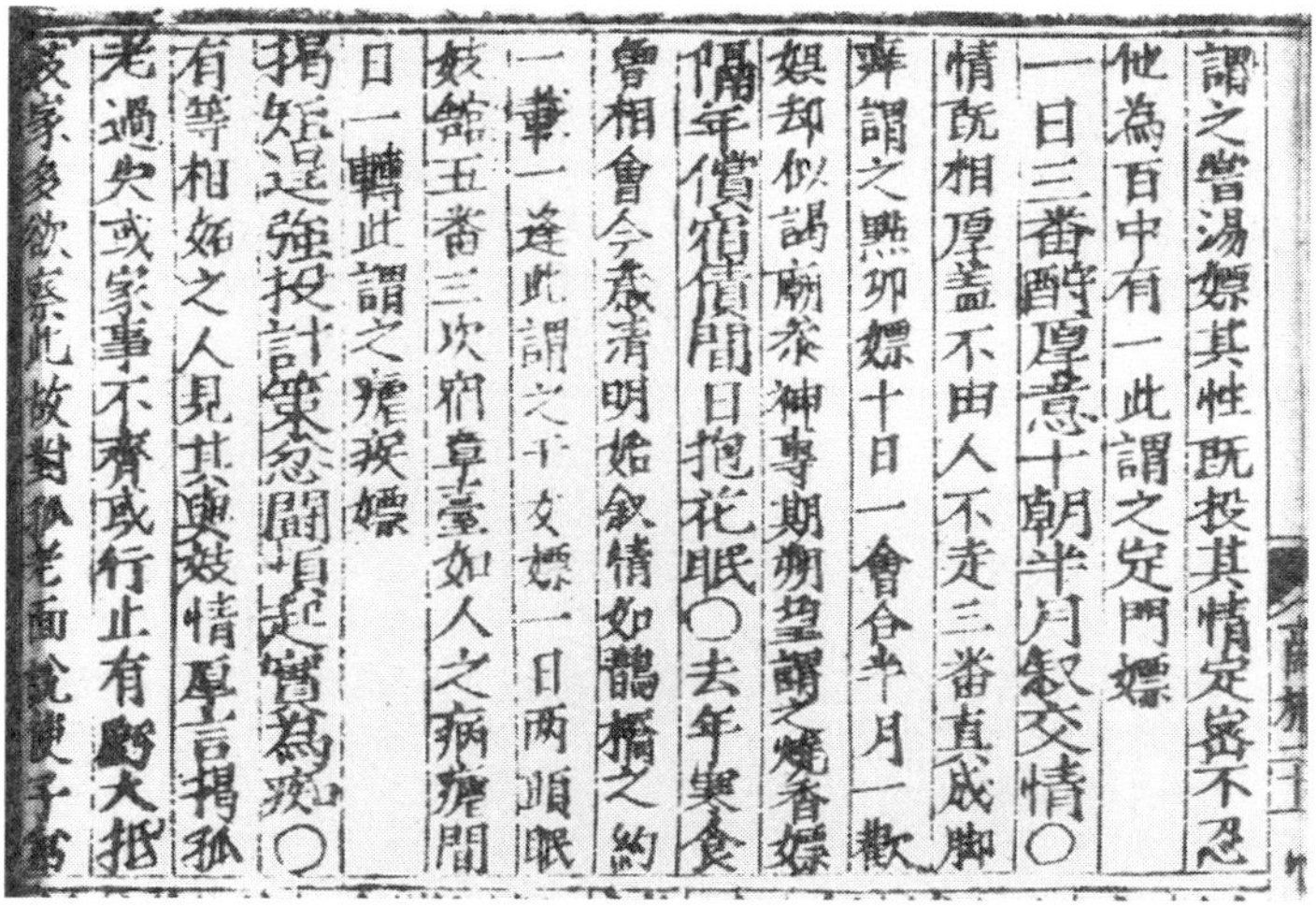

謂之嘗湯嫖。其性既投、其情定密、不忍他爲、百中有一。此謂之定門嫖。

【八三】一日三番酬厚意、十朝半月敍交情。○情既相厚、蓋不由人。不走三番、眞成脚痒。謂之點卯嫖。十日一會合、半月一歡娯。却似謁廟參神、專期朔望。謂之燒香嫖。

【八四】隔年償宿債、間日抱花眠。○去年寒食曾相會、今歳清明始敍情。如鵲橋之約、一載一逢。此謂之牛女嫖。一日兩頭眠妓館、五番三次宿章臺。如人之病瘧間日一轉。此謂之瘧疾嫖。

【八五】揭短逞強投計策、忿鬪頓起實爲癡。○有等相妬之人、見其與妓情厚、言揭孤老過失、或家事不齊、或行止有虧。大抵妓家、多欲察此、故對孤老面說、使子弟

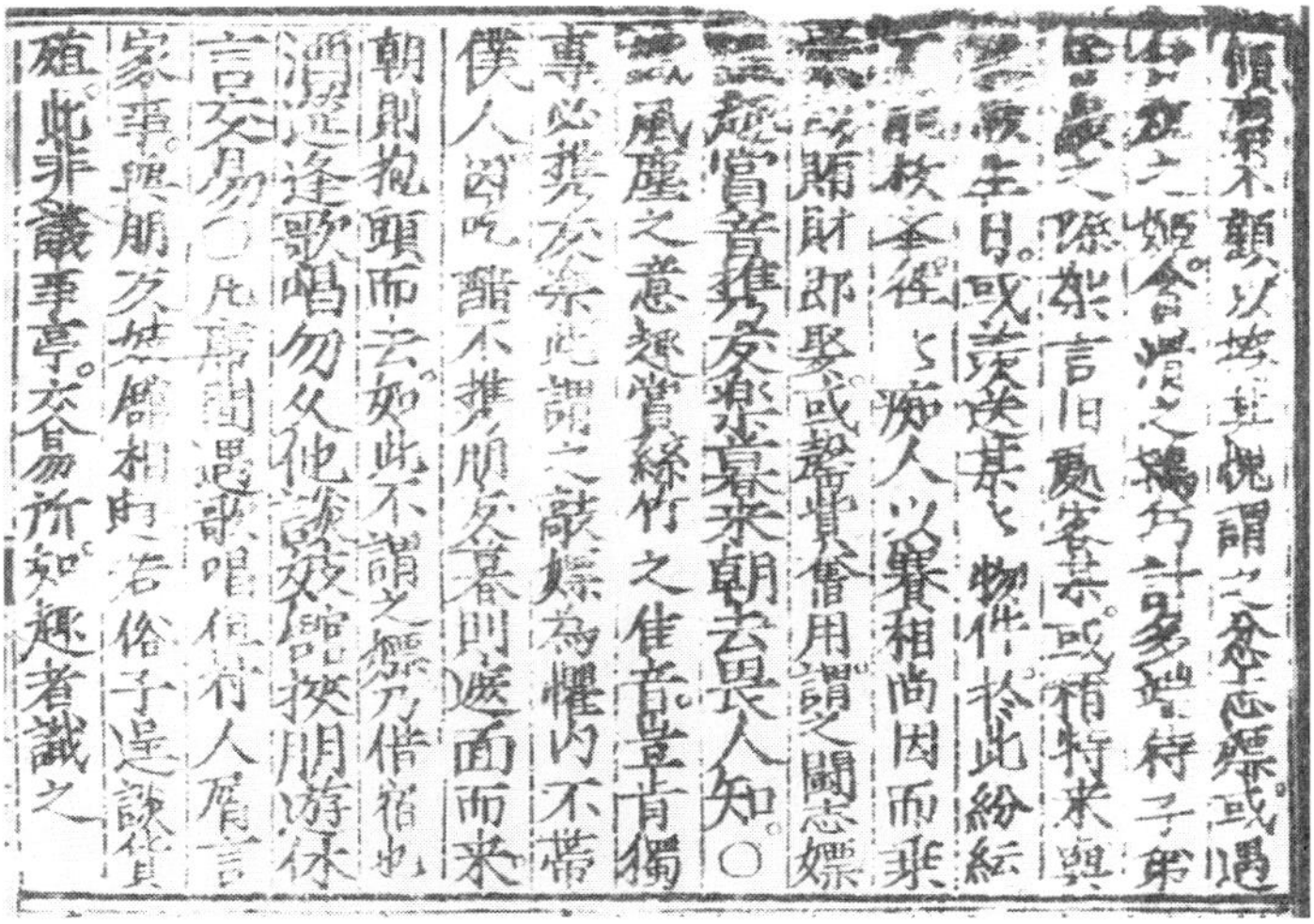

傾囊不顧、以掩其愧。謂之忿志嫖。或遇行短之姬、貪滑之鴇、巧計多端。待子弟昏濃之際、架（假）言舊處客某、或稱特來與鴇作生日、或羨（獻）送某某物件。於此紛紜、不能枚舉。往往癡人、以賽相尚。因而乘（承）諾、或賄財卽娶、或罄貲奮用。謂之鬪志嫖。

＊注には不鮮明箇所が多く、蓬左文庫藏『三台萬用正宗』本の他、『五車拔錦』本、『五車萬寳全書』本、『妙錦萬寳全書』本、『學海群玉』本等を參照した。

【八六】識趣賞音携友樂、暮來朝去畏人知。〇識風塵之意趣、賞絲竹之佳音、豈肯獨專、必携友樂。此謂之敲嫖。爲懼內不帶僕人、因吃醋不携朋友。暮則遮面而來、朝則抱頭而去。如此不謂之嫖、乃借宿也。

【八七】酒筵逢歌唱、勿久他談。妓館挾朋遊、休言交易。〇凡席間遇歌唱、但村人肩言家事。與朋友妓館相遊、若俗子諟談貨殖。此非議事亭、交易所。如（知）趣者識之。

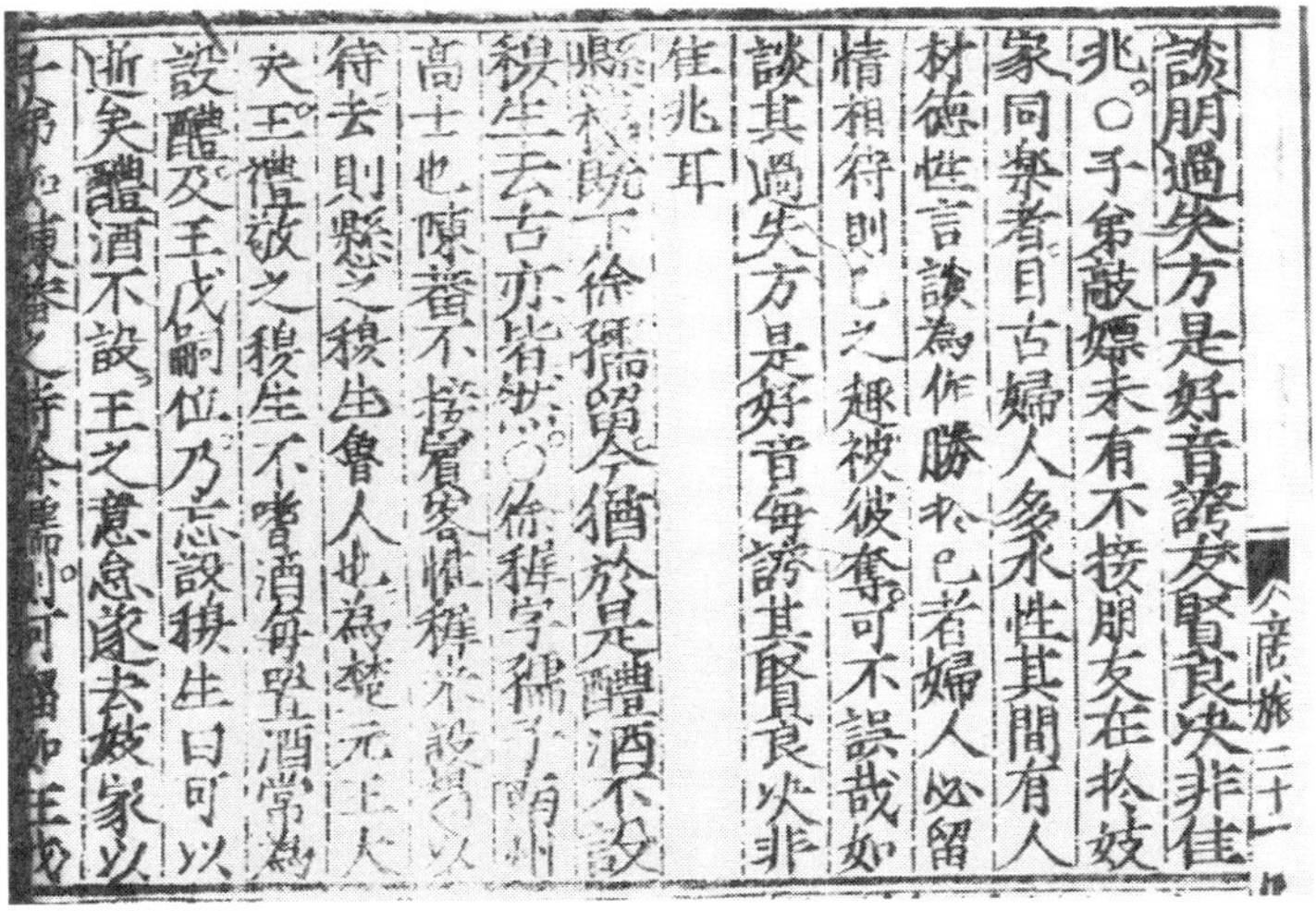

【八八】談朋友過失、方是好音。誇友賢良、決非佳兆。○子弟敲嫖、未有不接朋友在於妓家同樂者。自古婦人多水性、其間有人材德性言談爲作勝於己者、婦人必留情相待、則己之趣被彼奪。可不誤哉。如談其過失、方是好音。每誇其賢良、決非佳兆耳。

【八九】縣榻既下、徐孺留。今猶於是。醴酒不設、穆生去。古亦皆然。○徐穉字孺子、南州高士也。陳蕃不接賓客、惟穉來設榻以待、去則懸之。穆生魯人也。爲楚元王大夫。王禮敬之、穆生不嗜酒、每置酒常爲設醴。及王戊嗣位、乃忘設。穆生曰、可以逝矣。醴酒不設、王之意怠。遂去。妓家以子弟如陳蕃之待徐孺、則可留。如王戊之待穆生、則可去。

【九〇】跳躍相迎、眞是厚。叮嚀致意、豈爲疎。○妓者處孤老、有情無情、在乎平素。動靜之間、亦可察之。一見則踊躍來迎、喜容可掬、此眞厚矣。或久不見、而向人前疊疊叮嚀、頻頻致意、亦不爲疎。

【九一】他人之異從姬說、乃指賣奸之路。己妓之私向友言、是開引賊之門。○他人之異、過於常人、而對姬說、必慕其異。乃指賣奸之路也。自己交往之妓、枕席委曲可取、而向朋友言之、朋友必慕其美、依其形跡調之。是開門引賊也。

【九二】朝則茶、暮則酒、只爲孤老。貧能周、患能濟、乃是情人。○茶酒殷懃、雖嫖久、只爲孤老。貧周患濟總來稀、乃是情人。敲嫖

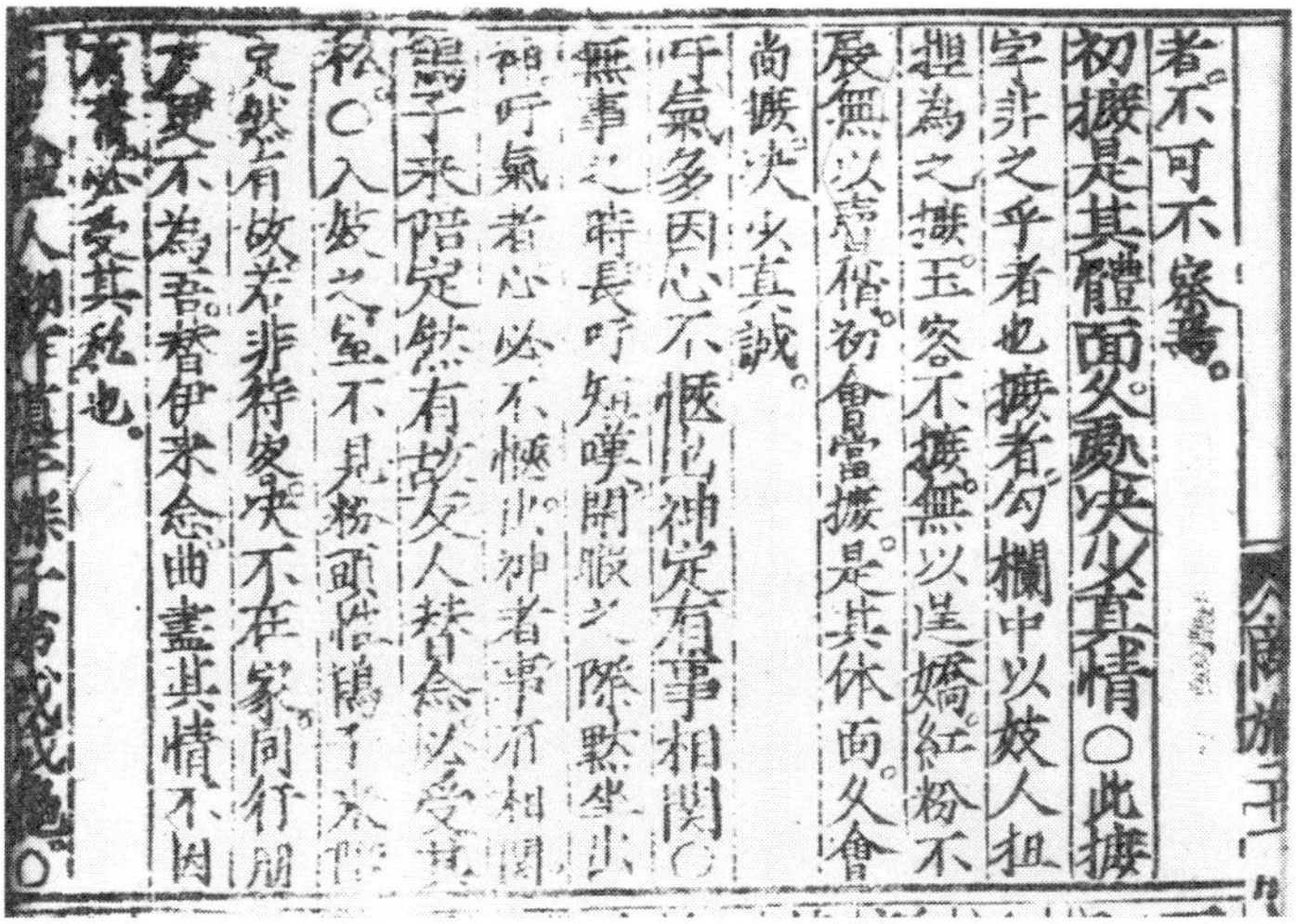
者不可不察焉。
初擴是其體面久處決少真情○此擴
字非之乎者也擴者勾欄中以妓人扭
捏為之擴玉容不擴無以逞嬌紅粉不
展無以賣俏初會當擴是其体面久會
尚擴決少真誠。
吁氣多因心不愜出神定有事相関○
無事之時長吁短嘆閑暇之際默坐出
神吁氣者心必不愜出神者事有相関
鴇子来陪定然有故友人替念必受其
私○入妓之室不見粉頭惟鴇子來陪
定然有故若非待客決不在家同行朋
友更不為吾替伊來念曲盡其情不因
有舊必受其私也。
日久佳人翻作道年深子弟或成龜○

者、不可不察焉。

【九三】初摭是其體面。久處決少眞情。○此摭字非之乎者也。摭者、勾欄中以妓人扭揑爲之摭。玉容不摭、無以逞嬌、紅粉不展、無以賣俏。初會當摭、是其體面、久會尚摭、決少眞誠。

【九四】吁氣、多因心不愜。出神、定有事相關。○無事之時、長吁短嘆、閑暇之際、默坐出神。吁氣者、心必不愜。出神者、事有相關。

【九五】鴇子來陪、定然有故。友人替念、必受其私。○入妓之室、不見粉頭、惟鴇子來陪、定然有故。若非待客、決不在家。同行朋友、更不爲吾、替伊來念、曲盡其情、不因有舊、必受其私也。

【九六】日久佳人翻作道、年深子弟或成龜。○

每有妓者、老年以來、自知過惡、欲求懺悔、看經念佛、食素施僧、扮作道人形狀、以修來世、誠爲老虎項中掛數珠也。癡心子弟、貪戀情人、事業不顧、生意不理、却將有限之錢、而買無涯之趣、欲歸不得、遂成久住。舉此一端、雖傷風化事、或有之。

【九七】寄信寄書、乃發催錢之檄。贈巾贈扇、眞拋引玉之甎。○寄之以書信、非書信也、乃催錢之檄。贈之以巾扇、非巾扇也、乃引玉之甎。

【九八】薄倖者、雖日近而不親。有情者、雖日遠而不踈。○日近日親、日遠日踈、世態之情。此其通論。薄倖之人、雖日近而不親、有情之客、總日遠而不踈也。

【九九】交客千箇、假如也。情在一人、眞有之。○

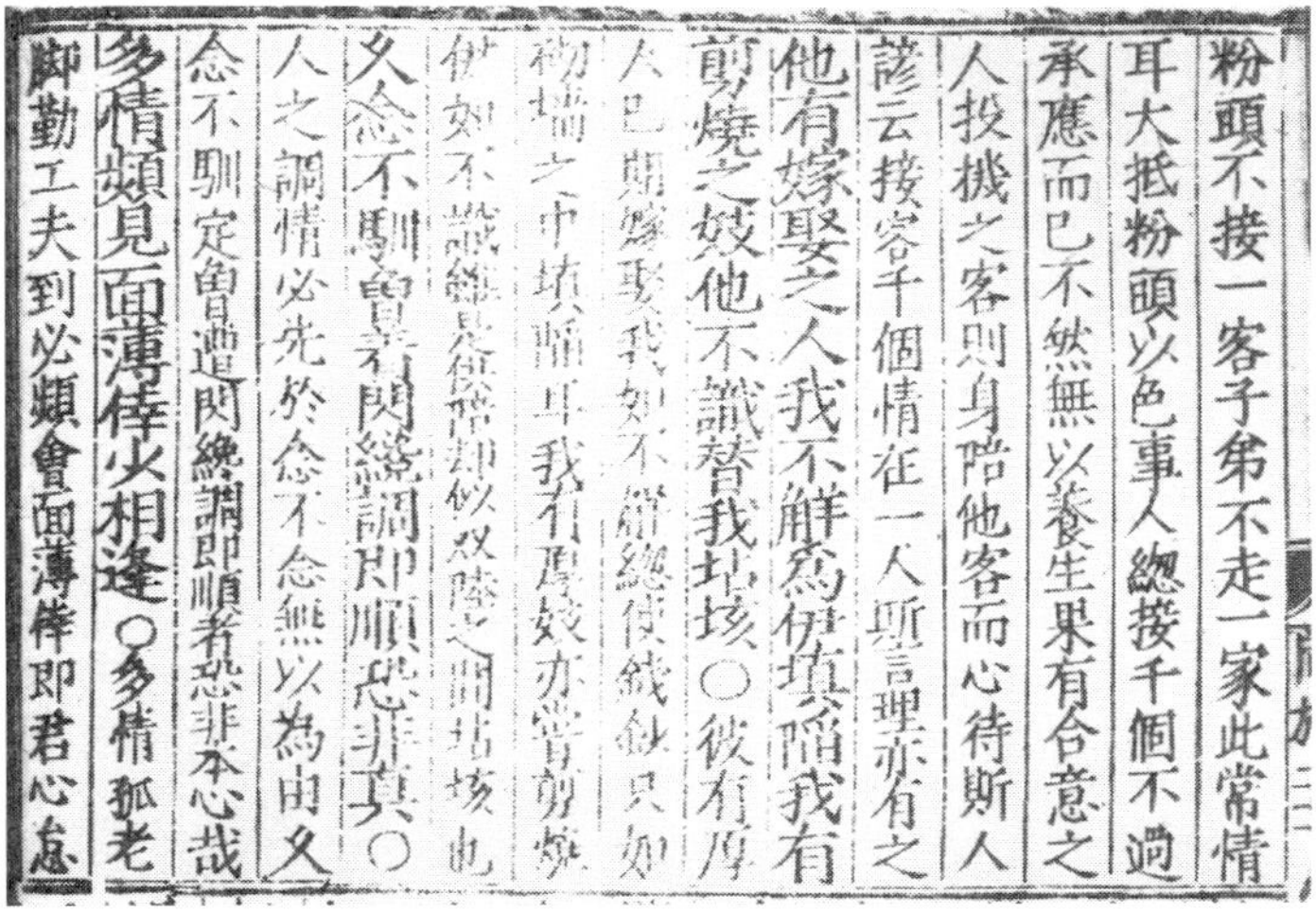
粉頭不接一客子弟不走一家此常情
耳大抵粉頭以色事人總接千個不過
承應而已不然無以養生果有合意之
人投機之客則身陪他客而心待斯人
諺云接客千個情在一人斯言理亦有之
他有嫁娶之人我不解為伊塡陥我有
剪燒之妓他不識替我坫垓○彼有厚
人已期嫁娶我如不解總使錢鈔只如
砌墻之中塡陥耳我有厚妓亦嘗剪燒
伊如不識雖是供陪却似雙陸之間坫垓也
久念不馴曾着閃纔調即順恐非眞○
人之調情必先於念不念無以為由久
念不馴定曾遭閃纔調即順者恐非本心哉
多情頻見面薄倖少相逢○多情孤老
脚勤工夫到必頻會面薄倖即君心怠

粉頭不接一客、子弟不走一家、此常情
耳。大抵粉頭、以色事人、總接千個、不過
承應而已。不然無以養生。果有合意之
人、投機之客、則身陪他客、而心待斯人。
諺云、接客千個、情在一人。斯言理亦有之。

【一〇〇】他有嫁娶之人、我不解、爲伊塡陷。我有
剪燒之妓、他不識、替我坫垓。○彼有厚
人、已期嫁娶、我如不解、總使錢鈔、只如
砌牆之中塡陷耳。我有厚妓、亦嘗剪燒、
伊如不識、雖是供陪、却似雙陸之間、坫垓也。

【一〇一】久念不馴曾着閃。纔調卽順恐非眞。○
人之調情、必先於念。不念無以爲由。久
念不馴、定曾遭閃。纔調卽順者、恐非本心哉。

【一〇二】多情頻見面、薄倖少相逢。○多情孤老、
脚勤工夫到、必頻會面。薄倖卽（郎）君心怠

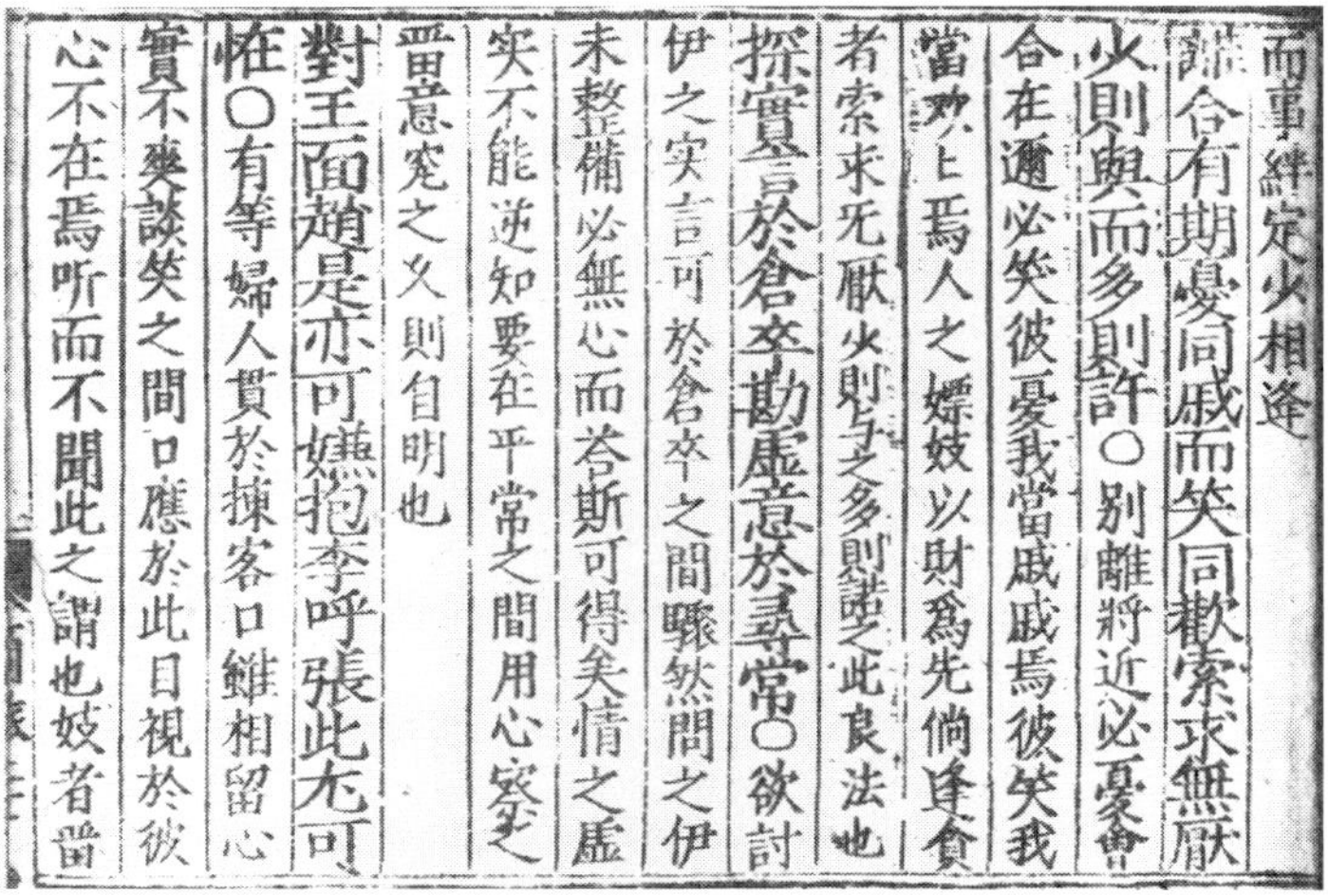
而事絆定少相逢
離合有期憂同戚而笑同歡索求無厭
少則與而多則許○別離將近必憂會
合在邇必笑彼憂我當戚戚焉彼笑我
當歡歡焉人之嫖妓以財爲先倘逢貪
者索求無厭少則與之多則諾之此良法也
探實言於倉卒勘虛意於尋常○欲討
伊之實言可於倉卒之間驟然問之伊
未整備必無心而荅斯可得矣情之虛
實不能逆知要在平常之間用心察之
留意究之久則自明也
對王面趙是亦可嫌抱李呼張此尤可
怪○有等婦人貫於揀客口雖相留心
實不爽談笑之間口應於此目視於彼
心不在焉聽而不聞此之謂也妓者留

而事絆、定少相逢。

【一〇三】離合有期、憂同戚、而笑同歡。索求無厭、少則與、而多則許。○別離將近、必憂。會合在邇、必笑。彼憂我當戚戚焉。彼笑我當歡歡焉。人之嫖妓、以財爲先。倘逢貪者、索求無厭。少則與之、多則諾之。此良法也。

【一〇四】探實言於倉卒、勘虛意於尋常。○欲討伊之實言、可於倉卒之間。驟然問之、伊未整備、必無心而答、斯可得矣。情之虛實不能逆知。要在平常之間、用心察之留意究之、久則自明也。

【一〇五】對王面趙、是亦可嫌。抱李呼張、此尤可怪。○有等婦人、貫於揀客、口雖相留、心實不爽。談笑之間、口應於此、目視於彼、心不在焉、聽而不聞、此之謂也。妓者留

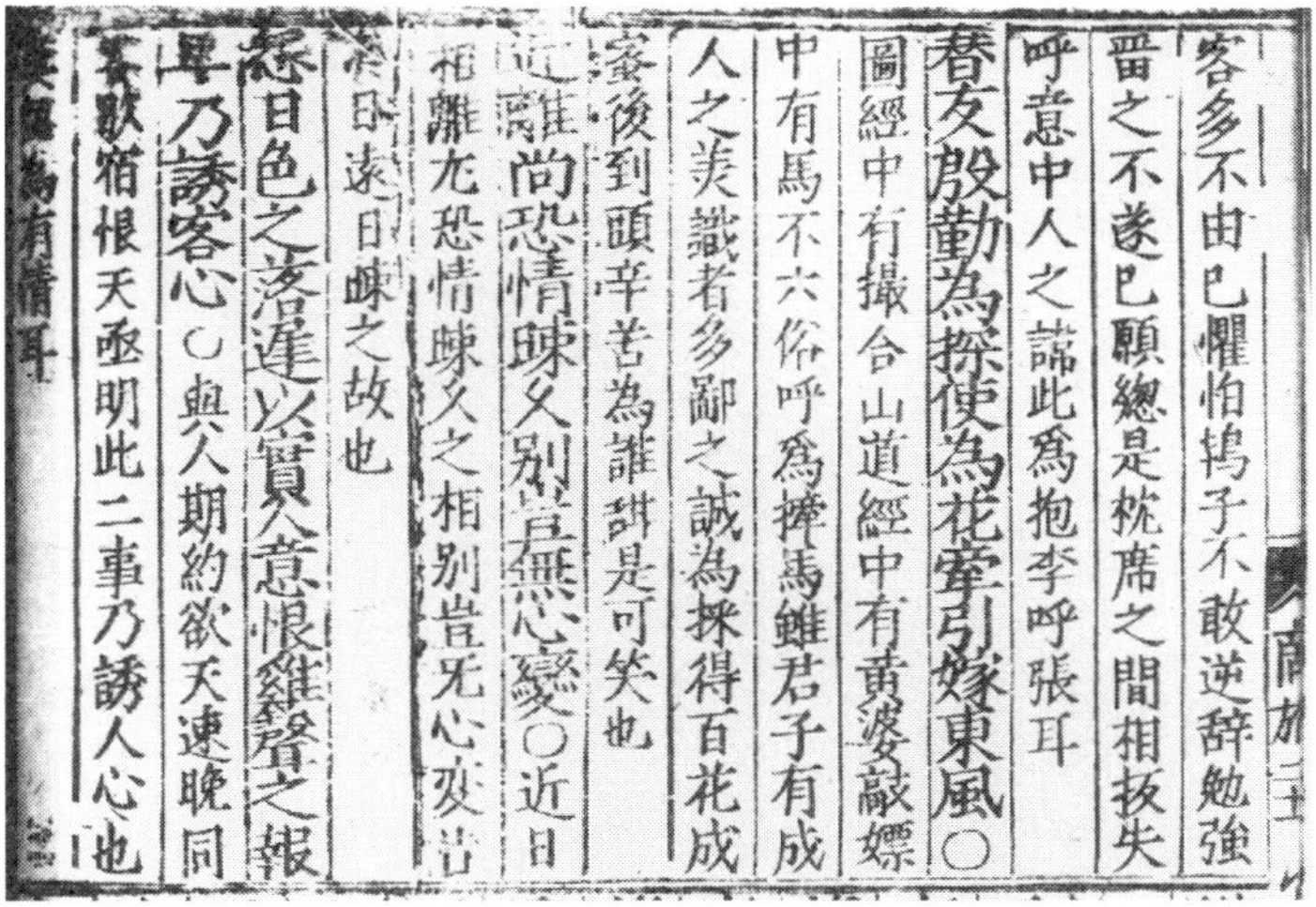
客多不由巳懼怕鴇子不敢逆辞勉強
畱之不遂巳願總是枕席之間相扳失
呼意中人之諱此爲抱李呼張耳
替友殷勤為探使為花牽引嫁東風○
圖經中有撮合山道經中有黄婆敲嫖
中有馬不六俗呼爲撵馬雖君子有成
人之美識者多鄙之誠為採得百花成
蜜後到頭辛苦為誰甜是可笑也
近離尚恐情踈久別豈無心變○近日
相離尤恐情踈久之相別豈无心变皆
因日遠日踈之故也
怨日色之落遲以實人意恨雞聲之報
早乃誘客心○與人期約欲天速晩同
客歇宿恨天亟明此二事乃誘人心也
莫認為有情耳

客、多不由己。懼怕鴇子、不敢逆辭、勉強留之、不遂己願。總是枕席之間、相扳失呼意中人之諱。此爲抱李呼張耳。

【一〇六】替友慇懃、爲探使。爲花牽引、嫁東風。○圖經中有撮合山、道經中有黃婆。敲嫖中有馬不六、俗呼爲撵（牽）馬。雖君子有成人之美、識者多鄙之。誠爲採得百花成蜜、後到頭辛苦、爲誰甜。是可笑也。

【一〇七】近離尚恐情疎、久別豈無心變。○近日相離、尤恐情疎。久之相別、豈無心變。皆因日遠日疎之故也。*

＊「皆於……」は『五車拔錦』本は「皆因……」に作る。

【一〇八】怨日色之落遲、以實人意。恨雞聲之報早、乃誘客心。○與人期約、欲天速晩、同客歇宿、恨天亟明。此二事、乃誘人心也。莫認爲有情耳。

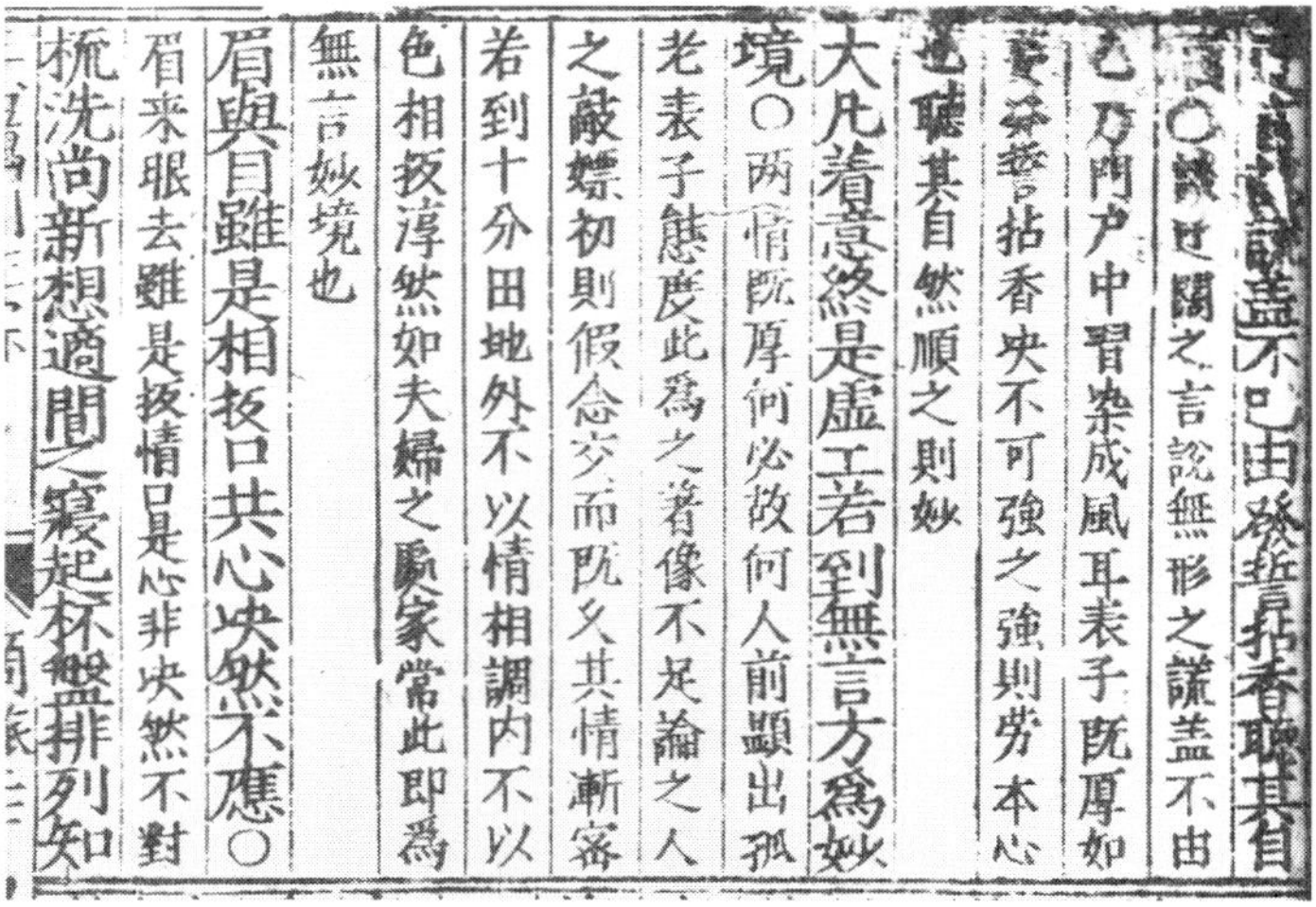

【一〇九】迂言說謊、蓋不已由。發誓拈香、聽其自順。○談過闊之言、說無形之謊、蓋不由己、乃門戶中、習染成風耳。表子既厚、如要發誓拈香、決不可強之。強則勞本心也。聽其自然、順之則妙。

【一一〇】大凡着意、終是虛工。若到無言、方爲妙境。○孤老表子、顯出態度、此爲着像、不足論也。人之敲嫖、初則假念。久而情密、到十分田地、渾然如夫婦之處家常、則爲無言之妙境耳。

＊注は『妙錦萬寶全書』本によった。

【一一一】眉與目、雖是相扳、口共心、決然不應。○眉來眼去、雖是扳情、口是心非、決然不對。

【一一二】梳洗尚新、想適間之寢起。杯盤排列、知

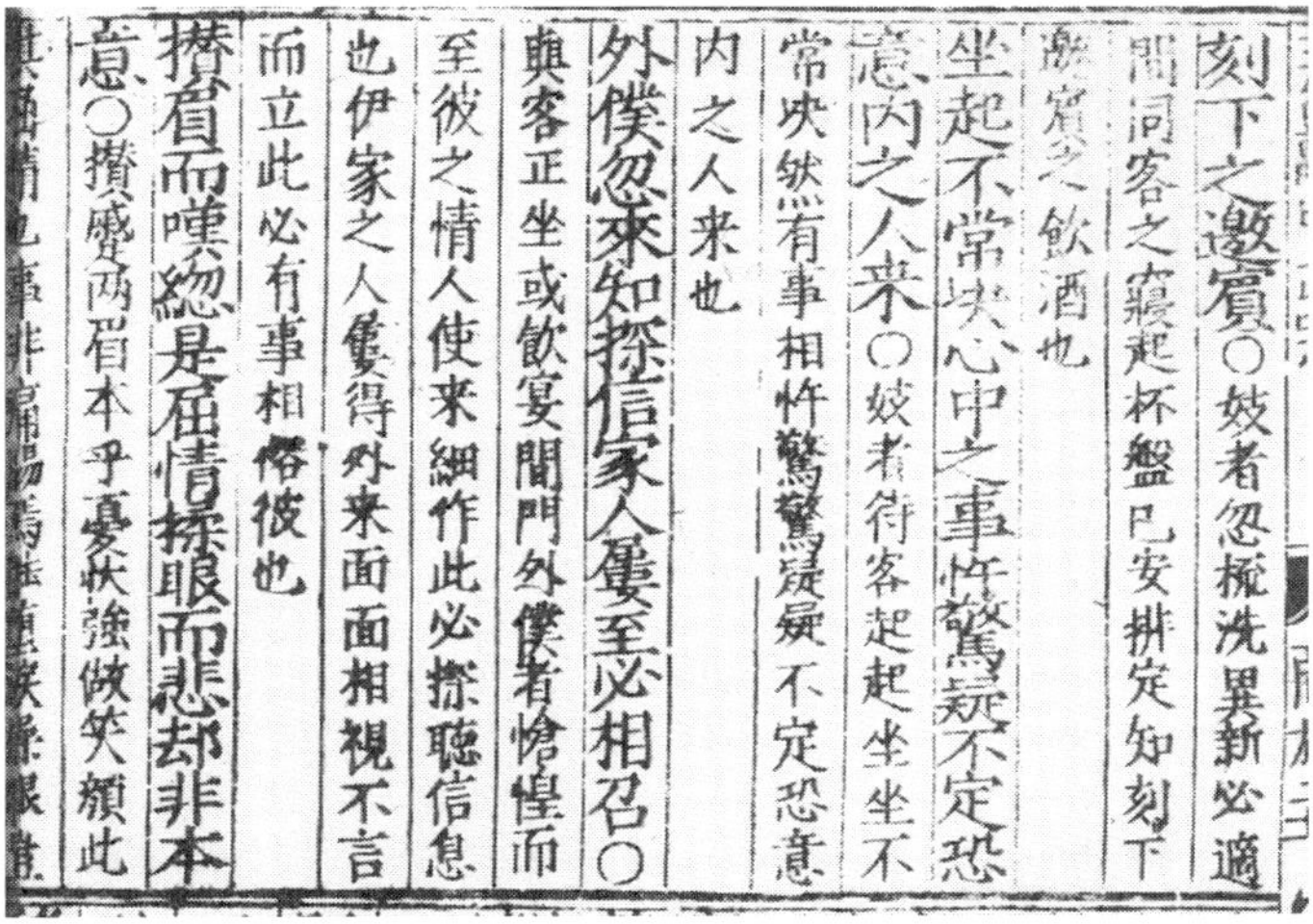

刻下之邀賓。○妓者忽梳洗異新、必適
間同客之寢起。杯盤已安排、定知刻下
邀賓之飲酒也。

【一一三】坐起不常、決心中之事忤。驚疑不定、恐
意内之人來。○妓者待客、起起坐坐不
常、決然有事相忤。驚驚疑疑不定、恐意
内之人來也。

【一一四】（本文缺）○決無此事。及時交好、庶無遺珠。
—原本有註無經、今仍其舊。

【一一五】外僕忽來知探信。家人屢至必相召。○
＊右の注は『青樓隱語』にだけ収められているものである。
與客正坐、或飲宴間、門外僕者、倉惶而
至、彼之情人、使來細作、此必探聽信息
也。伊家之人、屢得外來、面面相覷、不言
而立、此必有事、相招彼也。＊
＊「相招彼也」は「五車拔錦」本、「文林聚寶」本によった。

【一一六】攢眉而嘆、總是屈情。揉眼而悲、却非本
意。○攢蹙兩眉、本乎憂狀。強做笑顏、此
其屈情也。事非痛腸。焉能墮淚揉眼、豈

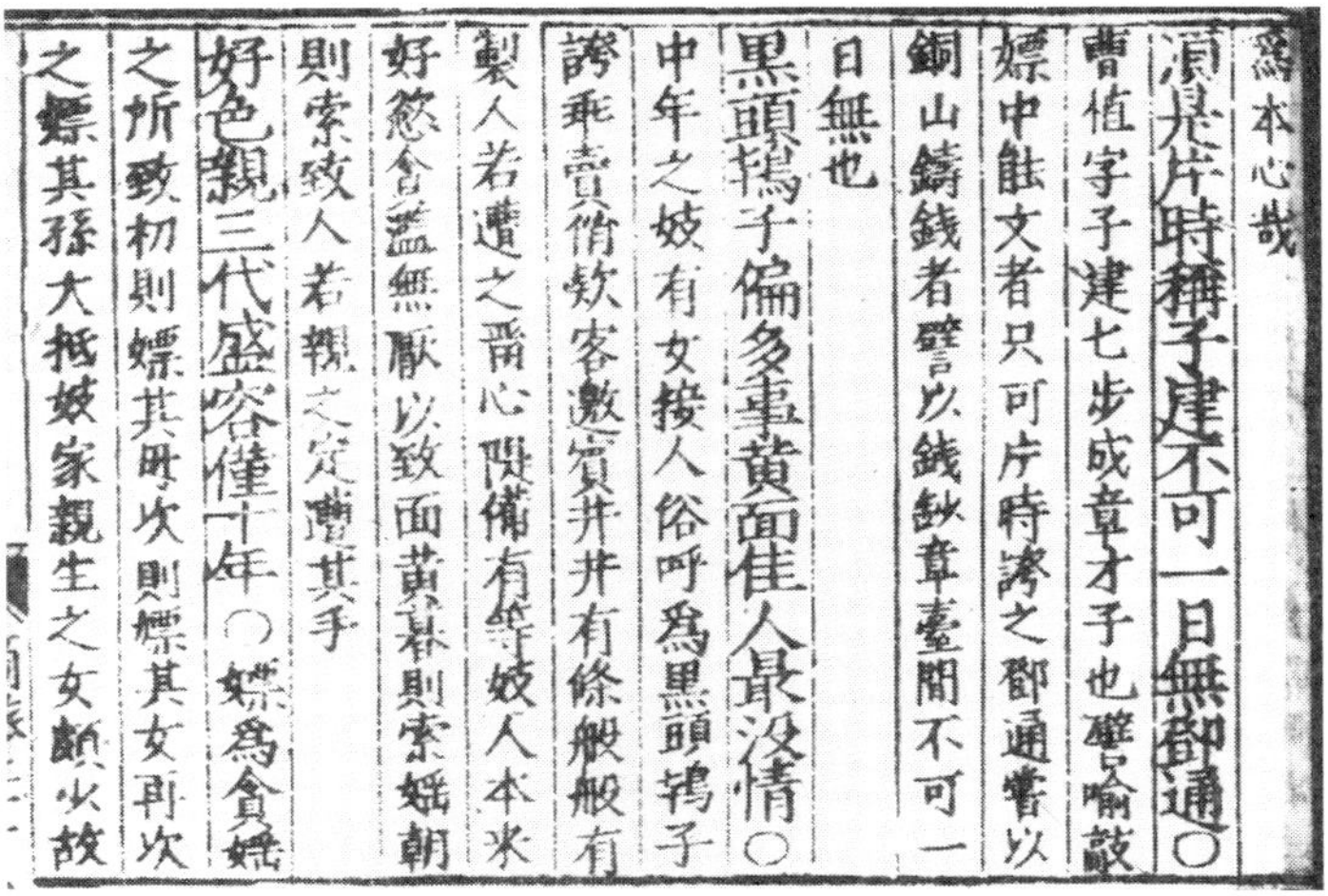

為本心哉。

【一一七】須是片時稱子建、不可一日無鄧通。〇曹植字子建、七步成章才子也。譬喩敲嫖中、能文者、只可片時誇之。鄧通嘗以銅山鑄錢者、譬以錢鈔。章臺間、不可一日無也。

【一一八】黑頭鴇子偏多事。黄面佳人最沒情。〇中年之妓、有女接人、俗呼爲黑頭鴇子。誇乖賣俏、欵客邀賓、井井有條、般般有製。人若遭之、留心隄備。有等妓人、本來好慾、貪濫無厭、以致面黄。暮則索婬、朝則索致。人若親之、定遭其手。

【一一九】好色親三代、盛容僅十年。〇嫖爲貪婬之所致。初則嫖其母、次嫖其女、再次之嫖其孫。大抵妓家、親生之女頗少故

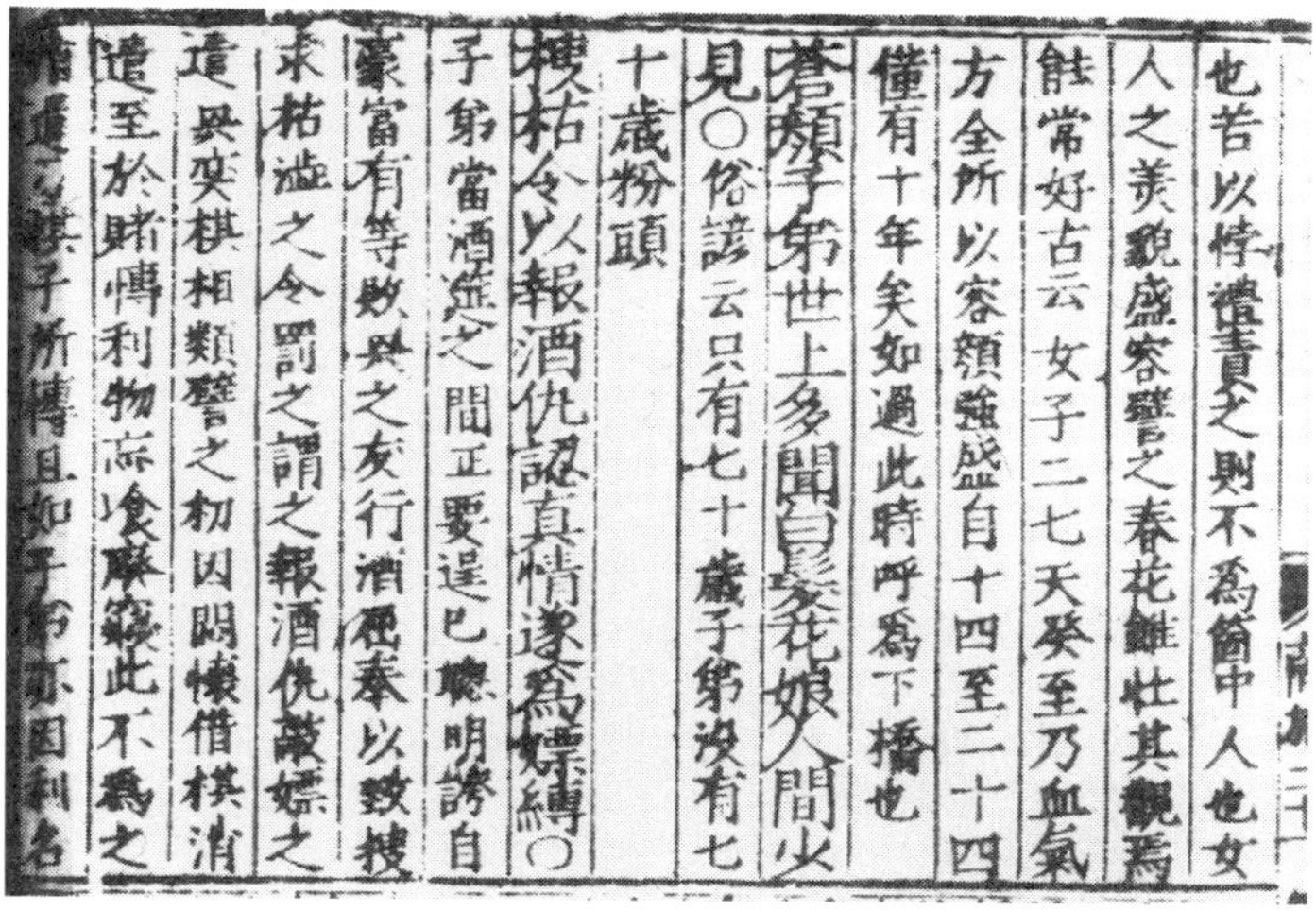
也若以悖禮責之則不爲箇中人也女
人之美貌盛容譬之春花雖壮其觀焉
能常好古云女子二七天癸至乃血氣
方全所以容顔強盛自十四至二十四
僅有十年矣如過此時呼爲下橋也
蒼顔子弟世上多聞白髪花娘人間少
見○俗諺云只有七十歳子弟没有七
十歳粉頭
搜枯令以報酒仇認眞情遂爲嫖縛○
子弟當酒筵之間正要逞己聰明誇自
豪富有等敗興之友行酒屈奉以致搜
求枯澀之令罰之謂之報酒仇敲嫖之
遺與奕棋相類譬之初因悶懷借棋消
遣至於賭博利物忘飡廢寢此不爲之
遣之棋子所博且如子弟亦因利名

也。若以悖禮責之、則不爲箇中人也。女人之美貌盛容、譬之春花。雖壯其觀、焉能常好。古云、女子二七天癸至。乃血氣方全、所以容顔強盛、自十四至二十四、僅有十年矣。如過此時、呼爲下橋也。

【一二〇】人之交游則一、情之形狀不同。○情處者、不當以泛泛之交論。

＊本文・注とも『青樓韻語』による。

【一二一】蒼顔子弟、世上多聞。白髮花娘、人間少見。○俗諺云、只有七十歲子弟、沒有七十歲粉頭。

【一二二】搜枯令以報酒仇、認眞情遂爲嫖縛。○子弟當酒筵之間、正要逞己聰明、誇自豪富。有等敗興之友、行酒屈奉以致搜求枯澀之令罰之。謂之報酒仇。敲嫖之遺與、奕棋相類、譬之初因悶懷、借棋消遣。至於賭慱（博）利物、忘飧廢寢。不爲之□遣□棋子所慱（縛）、且如子弟、亦因利名

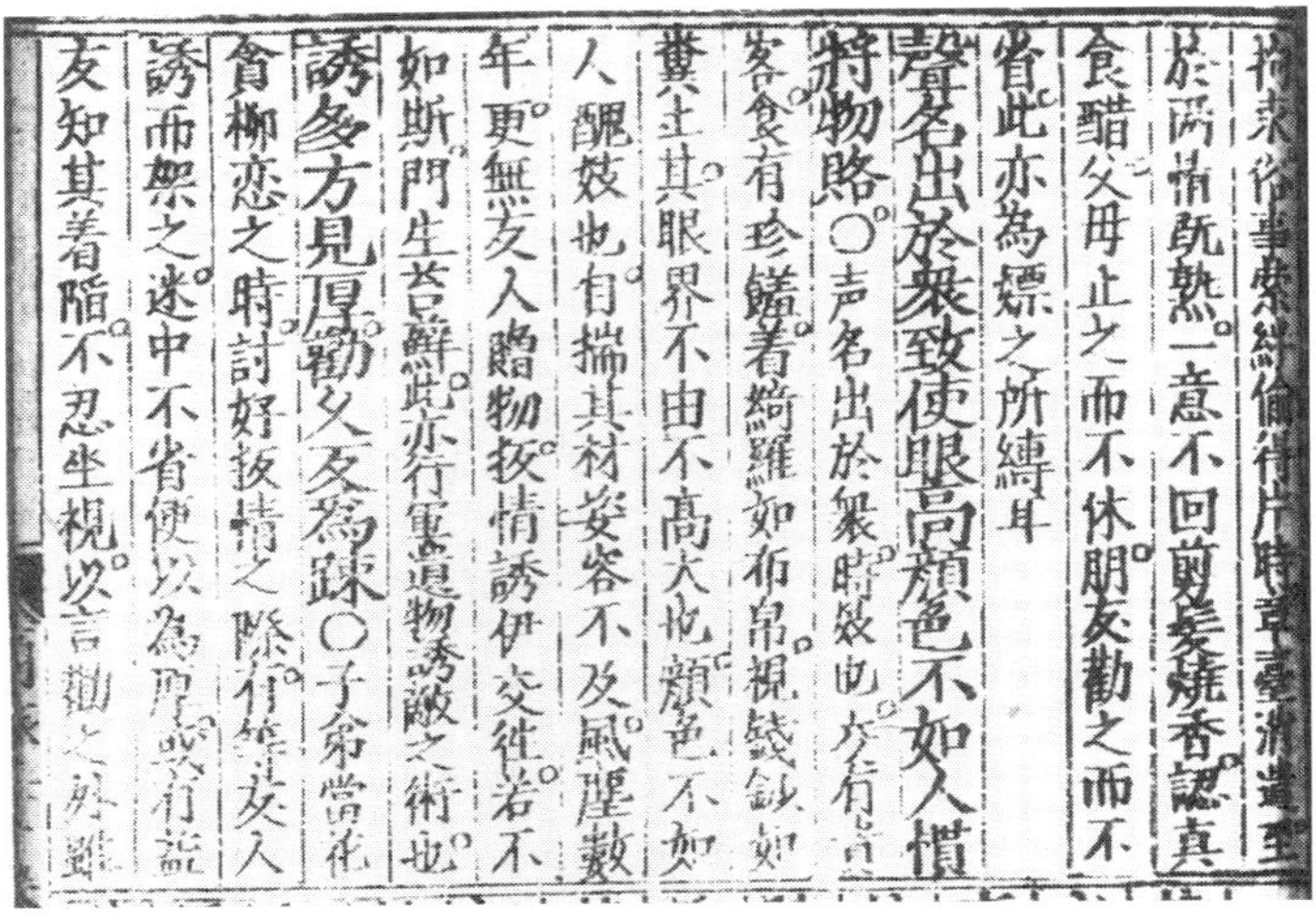

拘束、俗事索絆、偸得片時、章臺消遣、至於兩情既熟、一意不回、剪髮燒香、認眞食醋、父母止而不休、朋友勸之而不省、此亦爲嫖之所縛耳。

【一一三】聲名出於衆、致使眼高。顏色不如人、慣將物賂。○聲名出於衆、時妓也。交有貴客、食有珍饈、着綺羅如布帛、視錢鈔如糞土、其眼界不由不高大也。顏色不如人、醜妓也。自揣其材姿容不及、風塵數年、更無友人贈物、扳情誘伊交往。若不如斯、門生苔蘚。此亦行軍遺物誘敵之術也。

【一一四】誘多方見厚、勸久反爲疎。○子弟當花貪柳戀之時、討好扳情之際、有等友人誘而架之。迷中不省、便以爲厚。或有益友知其着陷、不忍坐視、以言勸之、外雖

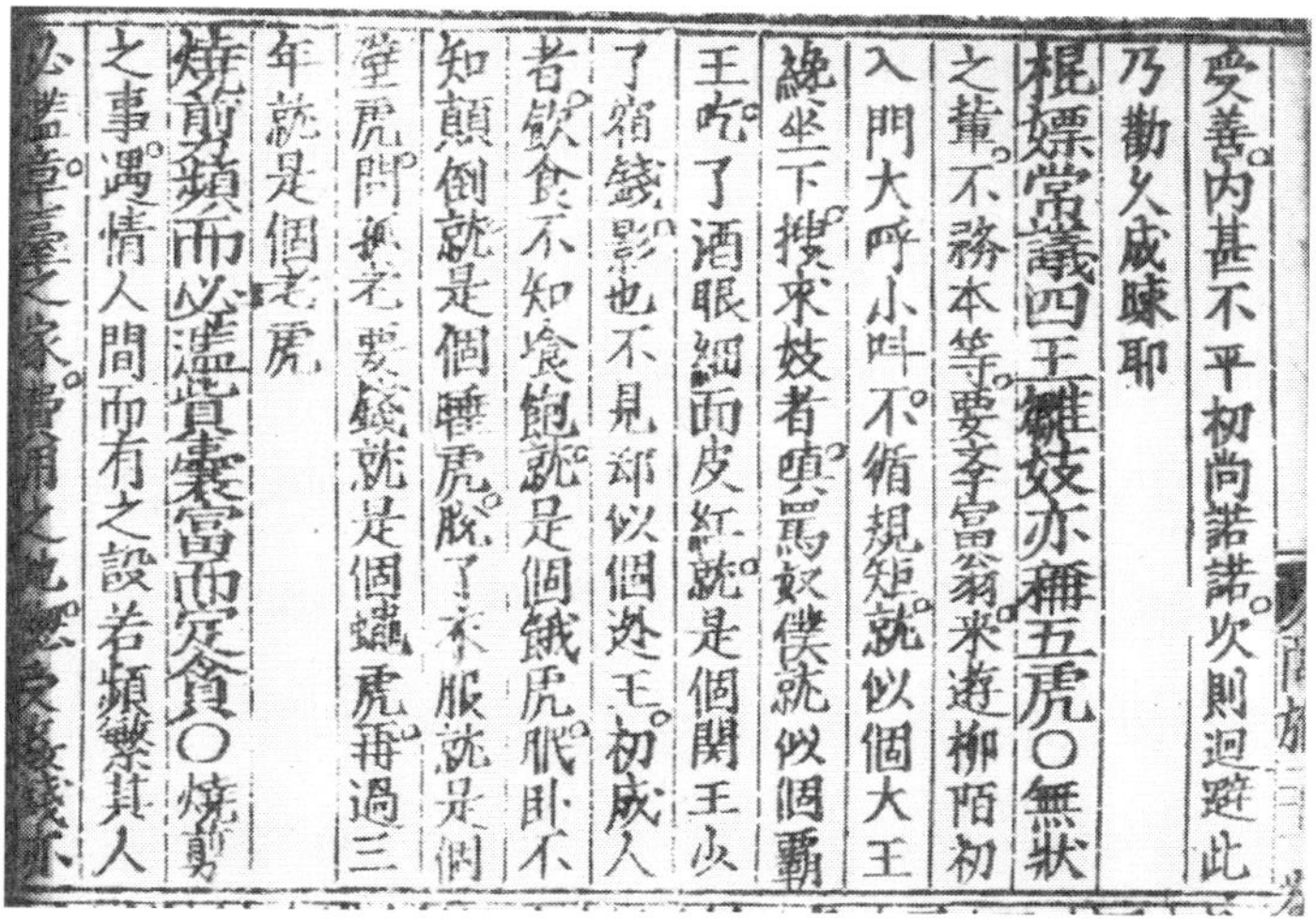
受善內甚不平初尚諾諾次則迴避此
乃勸久成疎耶
棍嫖常議四王雛妓亦稱五虎○無狀
之輩不務本等要學富翁来遊柳陌初
入門大呼小叫不循規矩就似個大王
纔坐下捜求妓者嗔罵奴僕就似個覇
王吃了酒眼細面皮紅就是個閻王少
了宿錢影也不見却似個逃王初成人
者飲食不知飡飽就是個餓虎眠卧不
知顛倒就是個睡虎脱了衣服就是個
壁虎問孤老要錢就是個蠅虎再過三
年就是個老虎
燒剪頻而必濫貲囊富而定貧○燒剪
之事遇情人間而有之設若頻繁其人
必濫章臺之家費用之地總受姦錢亦

受善、內甚不平。初尚諾諾、次則廻避。此乃勸久成疎耶。

【一二五】棍嫖常議四王、雛妓亦稱五虎。○無狀之輩、不務本等、要學富翁、來遊柳陌。初入門大呼小叫、不循規矩、就似個大王纔坐下。搜求妓者、嗔罵奴僕、就似個覇王。吃了酒、眼細面皮紅、就是個閻王。少了宿錢、影也不見、却似個逃王。初成人者、飲食不知飡飽、就是個餓虎。眠卧不知顛倒、就是個睡虎。脱了衣服、就是個壁虎。問孤老要錢、就是個蠅虎。再過三年、就是個老虎。

【一二六】道有傍門、尚能洞曉。色無正路、是亦難知。○道以清淨無爲者爲正。一切有爲者、三千六百、皆是傍門、而人尚能洞曉其美。若男人不見美妓、而愛玩醜妓、女子不思富人、而思貧人、乃色無正路、是亦誰知也。

＊本文・注とも底本にない。『萬用正宗不求人』本によった。

【一二七】燒剪頻而必濫、貲囊富而定貧。○燒剪之事、遇情人間而有之。設若頻繁、其人必濫。章臺之家、費用之地、總受姦錢亦

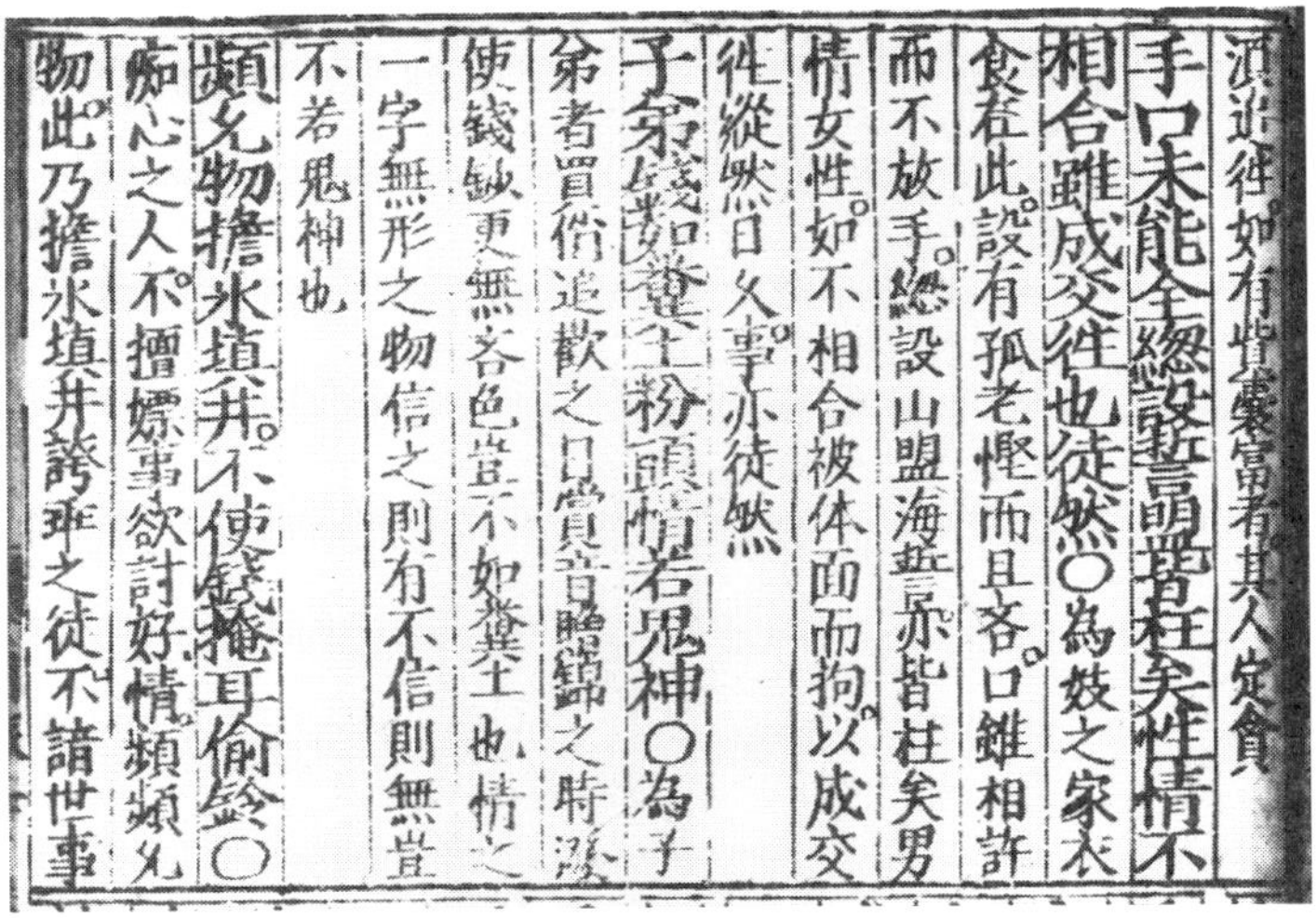

須追往。如有貲囊富者、其人定貧。

【一二八】手口未能、全總設誓盟、皆枉矣。性情不相合、雖成交往、也徒然。○爲妓之家、衣食在此。設有孤老、慳而且吝、口雖相許、而不放手、總設山盟海誓、亦皆枉矣。男情女性、如不相合、被體面而拘、以成交往、縱然日久、事亦徒然。

【一二九】子弟錢如糞土。粉頭情若鬼神。○爲子弟者、買俏追歡之日、賞音贈錦之時、潑使錢鈔、更無吝色、豈不如糞土也。情之一字、無形之物。信之則有、不信則無。豈不若鬼神也。

【一三〇】頻允物、擔氷塡井。不使錢、掩耳偸鈴。○癡心之人、不擅嫖事、欲討好情、頻頻允物、此乃擔氷塡井。誇乖之徒、不諳世事、

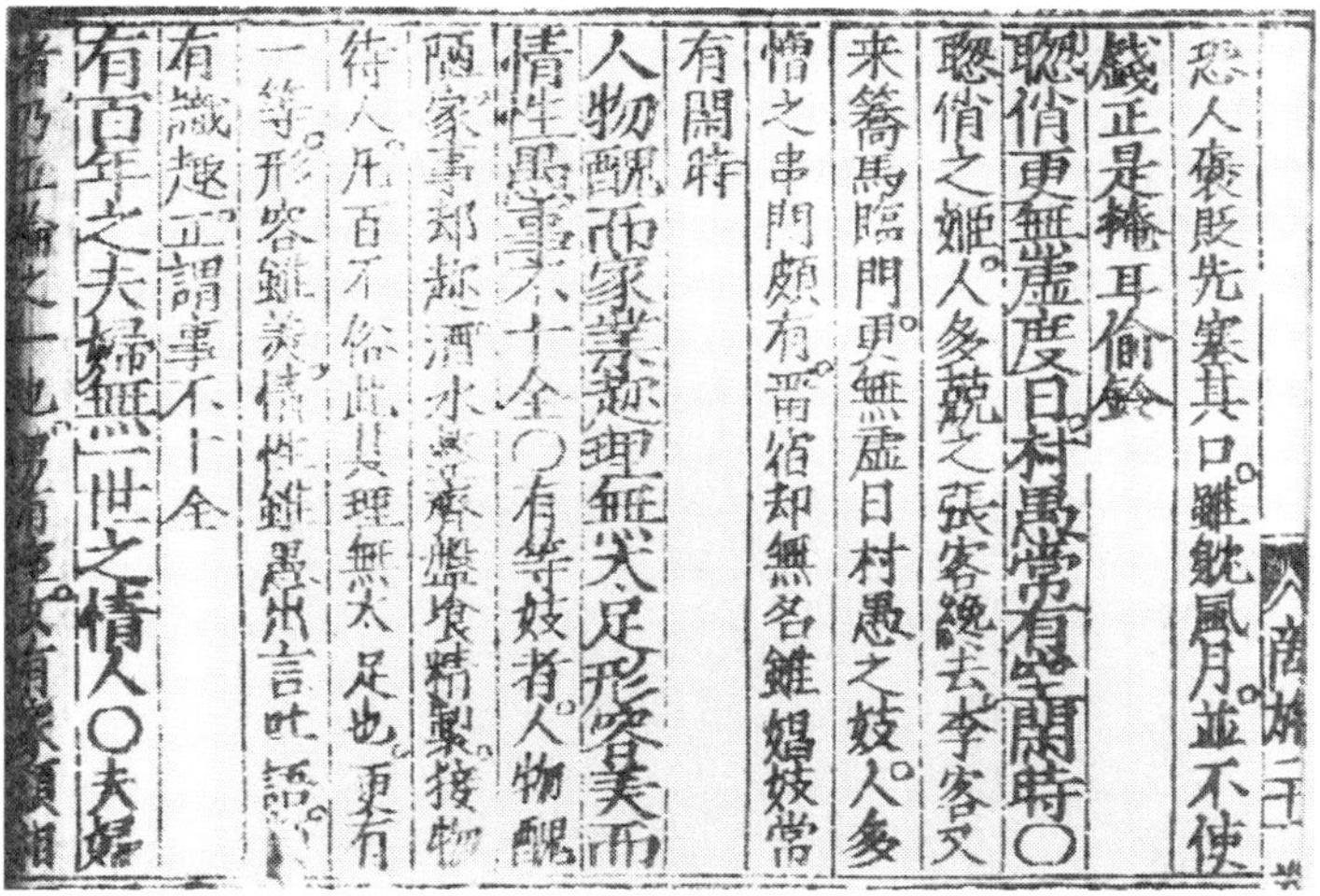
恐人褒貶先塞其口雖耽風月並不使
錢正是掩耳偸鈴
聽俏更無虛度日村愚常有空閑時○
聽俏之姬人多競之張客纔去李客又
来篙馬臨門更無虛日村愚之妓人多
憎之串門頗有留宿却無名雖娼妓常
有閑時
人物醜而家業趁理無太足形容美而
情性愚事不十全○有等妓者人物醜
陋家事却趁酒水整齊盤飧精製接物
待人凡百不俗此其理無太足也更有
一等形容雖美情性雖愚出言吐語頗
有識趣正謂事不十全
有百年之夫婦無一世之情人○夫婦
者乃五倫之一也男有室女有家願相

恐人褒貶、先塞其口、雖耽風月、竝不使錢、正是掩耳偸鈴。

【一三一】聽俏更無虛度日、村愚常有空閑時。○聽俏之姬、人多競之、張客纔去、李客又來、篙馬臨門、更無虛日。村愚之妓、人多憎之、串門頗有、留宿却無、名雖娼妓、常有閑時。

【一三二】人物醜而家業趁、理無太足。形容美而情性愚、事不十全。○有等妓者、人物醜陋、家事却趁、酒水整齊、盤飧精製、接物待人、凡百不俗。此其理無太足也。更有一等、形容雖美、情性雖愚、出言吐語、頗有識趣。正謂事不十全。

【一三三】有百年之夫婦、無一世之情人。○夫婦者乃五倫之一也。男有室、女有家、願相

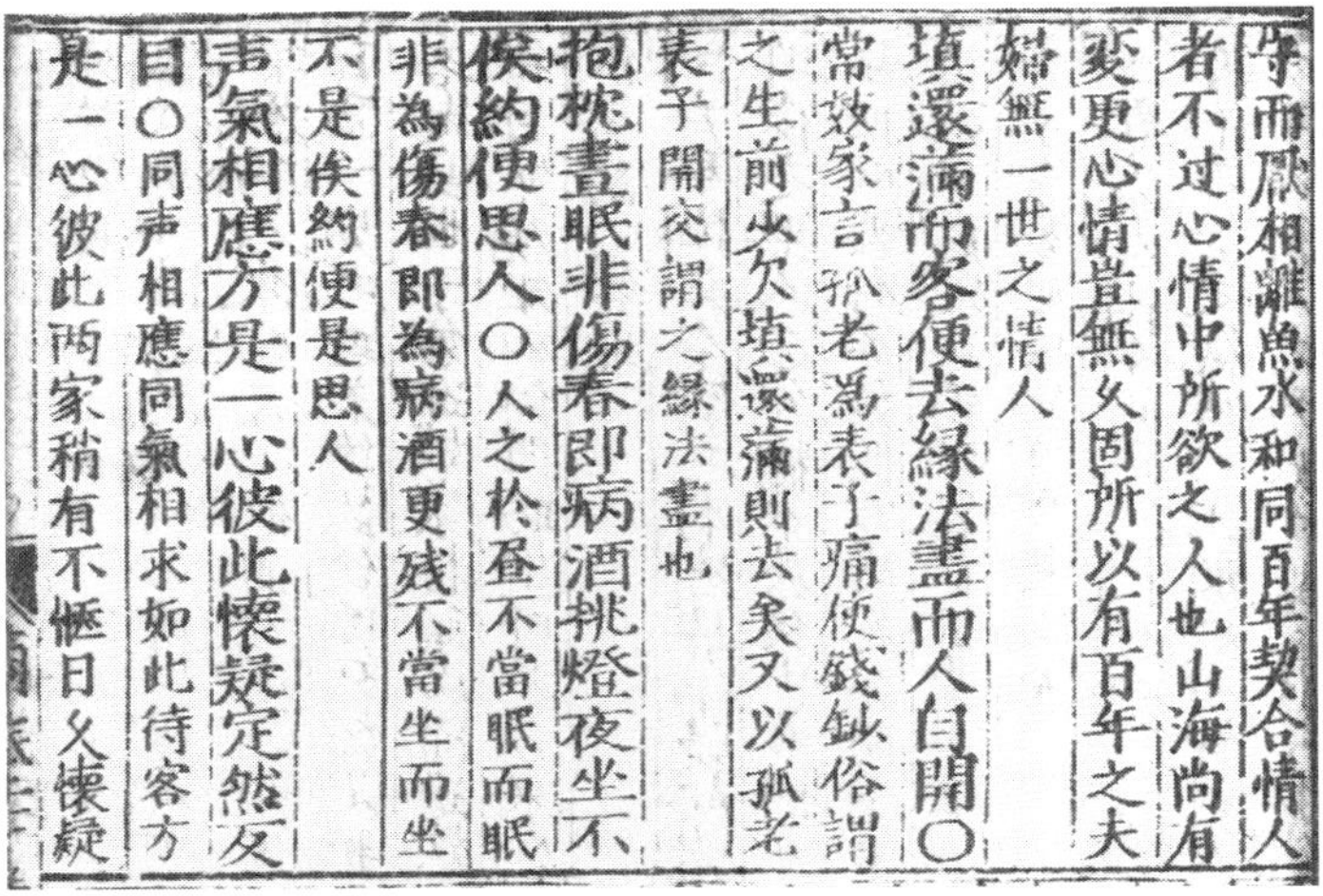

守而厭相離、魚水和同、百年契合。情人
者、不過心情中所欲之人也。山海尚有
變更、心情豈無（衍字）久固。所以有百年之夫
婦、無一世之情人。

【一三四】塡還滿而客便去、緣法盡而人自開。○
常妓家言、孤老爲表子痛使錢鈔、俗謂
之生前少缺。塡還滿則去矣。又以孤老
表子開交、謂之緣法盡也。

【一三五】抱枕晝眠、非傷春、卽病酒。挑燈夜坐、不
俟約、便思人。○人之於晝、不當眠而眠、
非爲傷春、卽爲病酒。更殘、不當坐而坐、
不是俟約、便是思人。

【一三六】聲氣相應、方是一心。彼此懷疑、定然反
目○同聲相應、同氣相求、如此待客、方
是一心。彼此兩家、稍有不愜、日久懷疑、

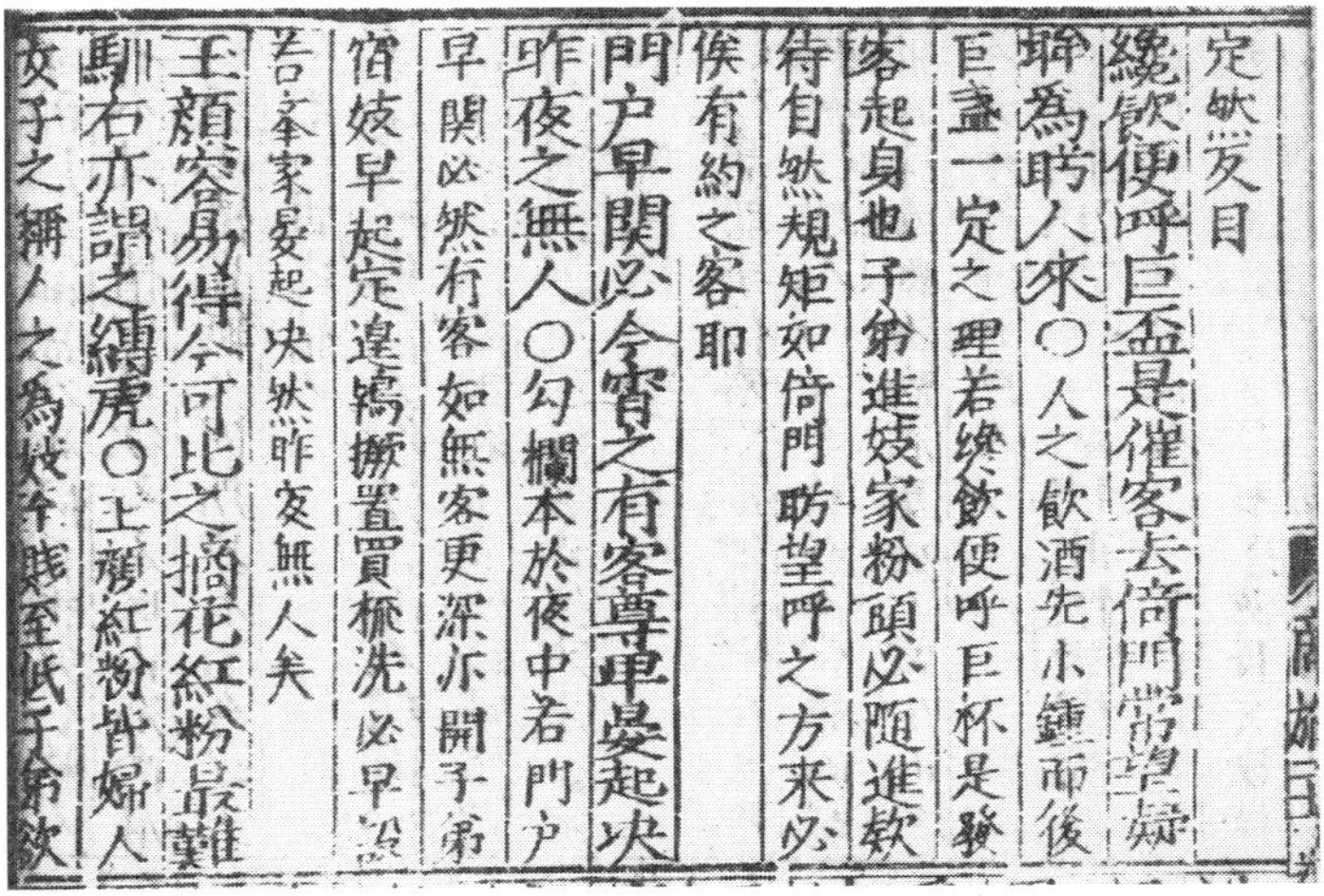
定然反目
纔飲便呼巨盃是催客去倚門常望凝
眸為盼人來○人之飲酒先小鍾而後
巨盞一定之理若纔飲便呼巨杯是發
客起身也子弟進妓家粉頭必隨進款
待自然規矩如倚門盼望呼之方來必
俟有約之客耶
門戶早關必今宵之有客尊卑晏起決
昨夜之無人○勾欄本於夜中若門戶
早關必然有客如無客更深亦開子弟
宿妓早起定遑鴇撅置買梳洗必早設
若舉家晏起決然昨夜無人矣
玉顏容易得今可比之摘花紅粉最難
馴右亦謂之縛虎○玉顏紅粉皆婦人
女子之稱人之為妓卑賤至低子弟欲

定然反目。

【一三七】纔飲便呼巨杯、是催客去。倚門常望凝眸、爲盼人來。○人之飲酒、先小鍾、而後巨盞、一定之理。若纔飲、便呼巨杯、是發客起身也。子弟進妓家、粉頭必隨進欵待、自然規矩。如倚門盼望、呼之方來、必俟有約之客耶。

【一三八】門戸早關、必今宵之有客。尊卑晏起、決昨夜之無人。○勾欄本於夜中、若門戸早關、必然有客。如無客、更深亦開。子弟宿、妓早起定遑、鴇撅置買梳洗必早。設若舉家晏起、決然昨夜無人矣。

【一三九】玉顏容易得、今可比之摘花。紅粉最難馴、右（古）亦謂之縛虎。○玉顏紅粉、皆婦人女子之稱。人之爲妓、至賤至低、子弟欲

之、卽時可得、如伸手摘花之比。與宿最
易、馴心最難。如山打虎之喩。

＊注は『五車拔錦』本によった。

【一四〇】通宵快樂、猶如馬上執鞭。頃刻歡娛、却
似江中撒溺。○言粉頭接人甚多、歇宿
一夜、會合一面、不能備記。諺云、歇一夜
如馬上拱拱手、住一房似江中撒撒尿。

【一四一】爲財者、十常八九、爲情者、百無二三。○
爲妓之道、兩全最難。不爲財、無以養生。
不爲情、無以着人。大抵爲財者多、而爲
情者少。斯言信矣哉。

【一四二】精神有限、難以久勞。聚散不常、且宜混
俗。○少年子弟、多者或習房術、而貪久
樂、多者效難而害易。見子弟嫖妓、要（耍？）調

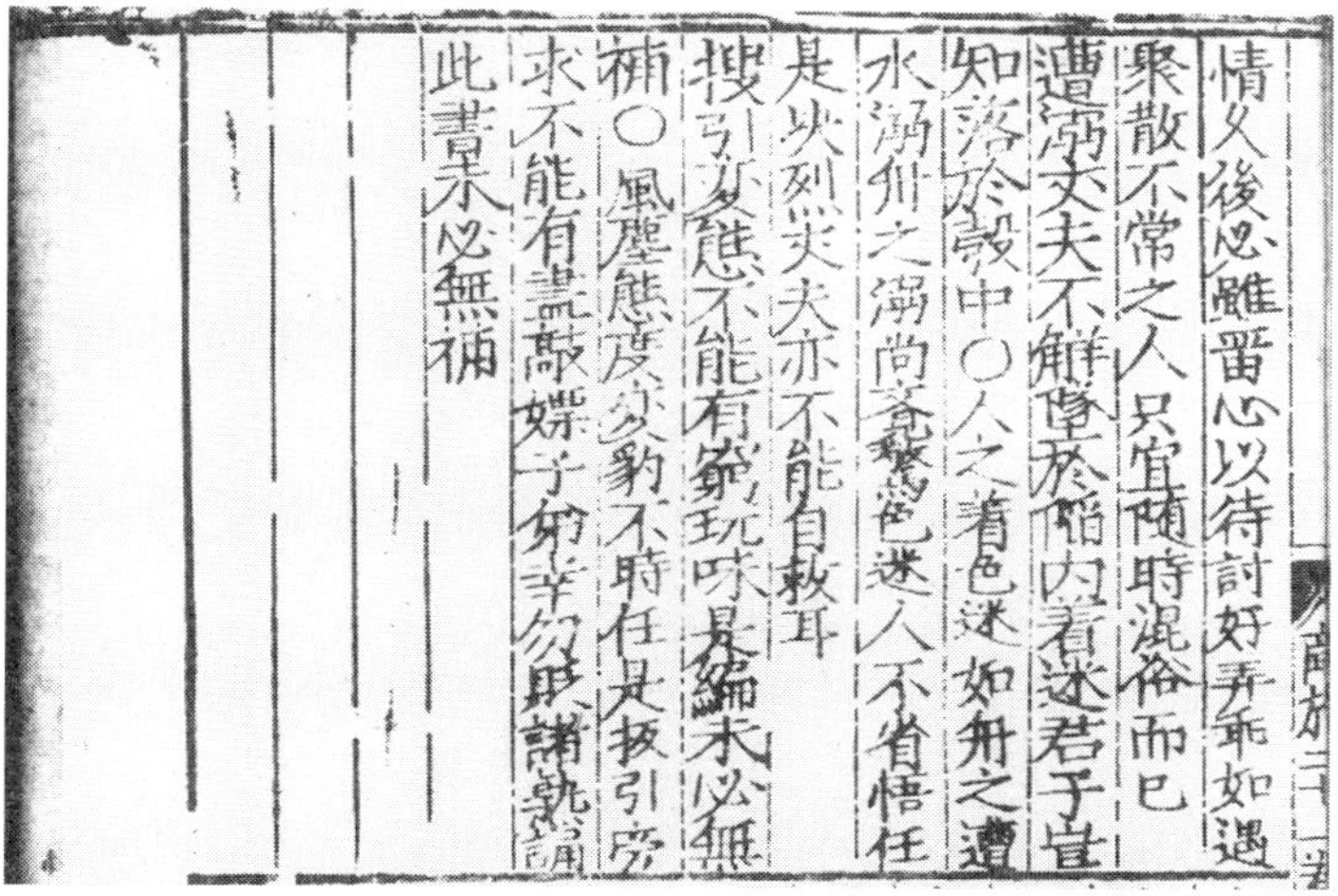
情久後必雖留心以待討好弄乖如遇
聚散不常之人只宜隨時混俗而已
遭溺丈夫不解墜於陷内着迷君子豈
知落於彀中○人之着色迷如舟之遭
水溺舟之溺尚覺驚色迷人不省悟任
是決烈丈夫亦不能自救耳
搜引變態不能有窮玩味是編未必無
補○風塵態度變豹不時任是扳引旁
求不能有盡敲嫖子弟幸勿貶諸熟誦
此書未必無補

情久、後必雖留心、以待討好弄乖、如遇聚散不常之人、只宜隨時混俗而已。

【一四三】遭溺丈夫、不解墜於陷内。着迷君子、豈知落於彀中。○人之着色迷、如舟之遭水溺。舟之溺尚覺驚、色迷人不省悟。任是決烈丈夫、亦不能自救耳。

【一四四】搜引變態、不能有窮。玩味是編、未必無補。○風塵態度、變豹不時、任是扳引旁求、不能有盡。敲嫖子弟、幸勿貶諸、熟誦此書、未必無補。

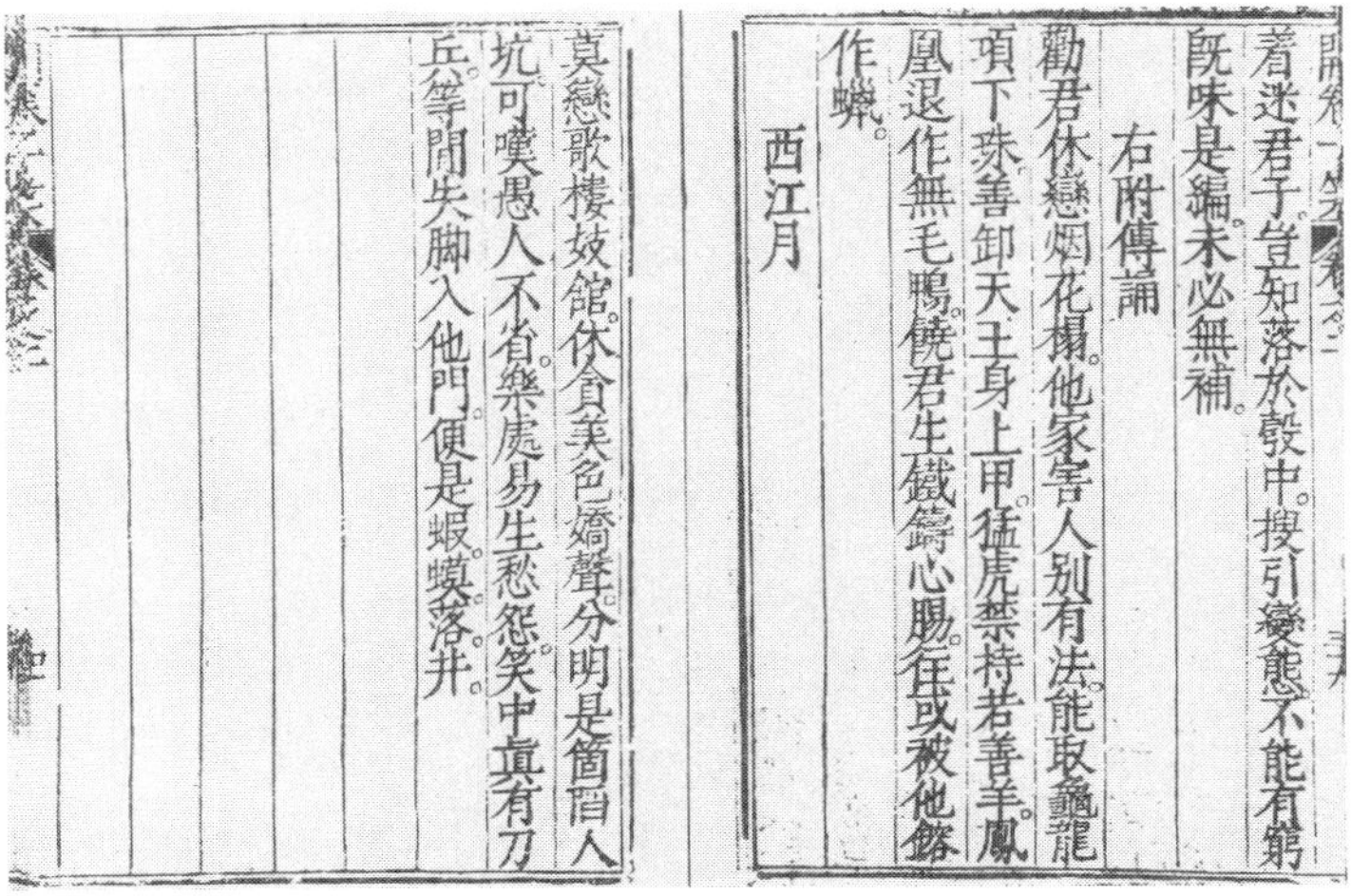
着迷君子豈知落於彀中搜引變態不能有窮
既味是編未必無補
右附傳誦
勸君休戀烟花榻他家害人別有法能取龜龍
項下珠善卸天王身上甲猛虎禁持若善羊鳳
凰退作無毛鴨僥君生鐵鑄心腸往或被他鎔
作蠟
西江月
莫戀歌樓妓館休貪美色嬌聲分明是箇陷人
坑可嘆愚人不省樂處易生愁怨笑中眞有刀
兵等閒失脚入他門便是蝦蟇落井

（国立公文書館内閣文庫蔵）

右附傳誦

勸君休戀烟花榻、他家害人別有法。能取龜龍項下珠、善卸天王身上甲。猛虎禁持若善羊、鳳凰退作無毛鴨。饒君生鐵鑄心腸、往或被他鎔作蠟。

＊底本には収められていない。『開巻一笑集』本によった。

西江月

莫戀歌樓妓館、休貪美色嬌聲。分明是箇陷人坑、可嘆愚人不省。樂處易生愁怨、笑中眞有刀兵。等閒失脚入他門、便是蝦蟇落井。

＊底本には収められていない。『開巻一笑集』本によった。

開巻一笑

莫《ナカレ》レ戀《レンスル》ニ歌《カ》樓《ロウ》妓《ギ》館《クハン》ニ、休《ヤメヨ》レ貪《ムサボルコトヲ》美《ビ》色《シヨク》嬌《ケウ》聲《セイ》ヲ、分《フン》明《メウ》ニ是《コレ》箇《コノ》陥《カン》レ人《ジン》坑《ガウ》、可《ベシ》レ嘆《タンズ》愚《グ》人《ジン》不《ズ》レ省《サトラ》、樂《ラク》處《シヨ》易《ヤスシ》レ生《シヤウジ》ニ愁《シウ》怨《エンヲ》、笑《セウ》中《チウ》眞《シンニ》有《アリ》刀《タウ》兵《ヘイ》、等《トウ》閒《カン》ニ失《シツ》レ脚《キヤク》ヲ入《イレバ》ニ他《カノ》門《モン》ニ、便《スナハチ》是《コレ》蝦《ガ》蟆《マ》ノ落《ヲツルガ如シ》井《井》ニ

釋義

㊀鴇子《ボウシ》　嫖經ニ妓家ノ主母ヲ云妓女多ハ買來テ義女トナスモノ妓モカレラ母ト稱スレド其實ハ主母《ヤリテ》之其主母又多ハ妓ノ老テ成ルモノ或ハ其實ハ主母ニノ假ニ諸妓ノ姉ト稱シ尚客ヲ迎ルモノアリ故ニ妓モ主母モ倶ニ鴇子ト稱スベシ鴇ノ字舊説多シ鴇ハ淫鳥《インテウ》雌ノミアリテ雄ナク他鳥ト交ルヲ以テ妓ノ母ニ比《ヒト》フ或ハ云鷙鳥此鳥ヲ取ントスレバ鴇糞《フン》ヲ飛シテ此ヲ射ル一タビ其糞ニ觸レハ鷙鳥ノ毛悉ク脱ス或ハ云此鳥足ニ後趾《コウシ》ナク木ニ止ルヿアタハズ故ニ妓家ノ四民ニ外《ハヅ》ルヽヲ此鳥ニ比メ云トモ三説皆謬《アヤマ》リアリ○鴇ハ此邦野ガント呼鳥ニ似タリノガンハ高飛モセズ下品ナルラチノアカヌ妓ノヲヤカタヲ云橛ハ木ノ断《キレ》ニイヤシメテ云ナルベシ嫖經《ヒヤウケイ》ノ注ニ鳥ヽ

㊁橛丁《ケツテイ》　橛丁ハ五膚《ゴフウ》之五膚ハ忘八《ハウハチ》ト同ジトアリ　故事ノ書ニ傭ハ傭之

（東北大学附属図書館狩野文庫蔵）

原文二　和刻本『開巻一笑（山中一夕話）』巻二「風月機関」釈義の影印

仁義禮智信五常ヲ慵カリテ棄タルト云 意忘ハ八ノ八字ヲ忘レタルニ同シ又教坊記ニ蘇《ソ》五奴《ド》ガ妻張少娘歌舞ヲ善ス是ヲ邀ヘテ舞シムルモノアリ五奴コレニ隨テユク主人五奴ヲ速ク酔セント欲シテ多ク酒ヲ勧ム五奴曰但我ニ多ク銭ヲ與ヘ玉ハヾ鎚子ヲ喫テモ酔ヘシ酒ノ須ニモ及バジト云フコレヨリ妻ヲ賣ルモノヲ五奴ト呼ナセリ奴ト傭ト稱呼近シ同意味ナル故事ナリ

㊂筌蹄 筌ハ魚ヲトルノツナヘ蹄ハ兎ヲトルノソナヘ

㊃寡醋 醋ハソ子ム〻

㊄莫教他閃我 情意漸々ヲロソカニナリテ久シキ了アラジト覚ヘハ其計ヲソナヘテ彼ニ先ヲトラレナトノ戒〻

㊅劉伶貝杜甫才 嫖經ニ曰酒ヲ愛スル妓ニハ酒ノソナヘヲナシ詩ヲ知ル妓ニハ詩ノ謎ヲスル〻此篇多ク嫖客妓ノ為ニ計ヲ設ル了ヲ説リ意ヲ着ヘシ

㊆大家規矩 羣袖ヲ捧テ言ナク湘裙ヲ彈テ語ラズ此大家ノナラハセ〻未ダ動カザルニ裾《スソ》先開ケ坐ニツクヤツカズ鞋《クツ》便チ脱ル此科子ノミモチ〻

㊇嫣駘 此對句下妓トイヱモ上客棄ル了ナカレ取ベキモノアルヲ云

㊈蚌蛤 ハマグリノ類ニテ珠ヲ含ムモノアリ

㊉雲萍 妓ト漂客トハ雲ヤ浮クサノヨリアツ

開巻一

マリタルガ如ク散モ ⑪ 憎中致愛 此ハ聯憎ミキラフ中ニモ一ツノ徳
アツイルモ宗ナキ〳〵 シカタニヨツテ愛ヲナスモノアリ
愛スル中ニモ一言ノ訊リヲワスレズ久シク ⑫ 逢人誇盛徳 傍人ニ
メモ其一言ヨリ反目ヲナスヿアリ 禮謝ス
ルニ左モナキヿヲケバ〳〵シキ語ヲツカヒ遠〳〵シキ客ノ友ニ對メ ⑬ 串ハ
去リシヨリノ日數ヲ計フ此ハ一夕妓家ノ常爲《ナラハセ》ヲナジ套《カタ》ナリ
串門ノ子弟ト云テ事無すモシケクシ往來スルモノヲ云那《ナ》ヤウノ ⑭ 差
子弟ハセツ〳〵往ハヨケレドモ長坐シテ生意《スギハヒ》ノ妨ヲスルヿナカレト〳〵
ハ差《サ》派《ハイ》ト云テワリツケモトムル〳〵鴇子 ⑮ 媄母 黄帝ノ妃徳アレ ⑯ 走
妓ヲメ情熟《フカキ》孤老ニ物ヲ索《モト》メシムルヿ〳〵 ドモ貌チミニクシ
妓ノ眞心ヲ示《シメ》ス條目十種アリ所謂《イハユル》走《ソウ》ハカケラチ〳〵死《シ》ハ命ヲ惜《ヲシ》ヽヌ〳〵
哭《コク》ハ泣テミセル〳〵嫁《カ》ハ其身烟花《トガレ》ヲ出テ情人ニ從フ〳〵守《シユ》ハ大ナレバ一人
ヲ守ラ他人ニ接ラヌヲ云小ナレバ自守テ情ヲ他ニウツサヌ〳〵抓ハ慾ヲ
發シテ敵ヲカキムシル〳〵打《ダ》ハタヽク〳〵剪《セン》ハ髪キリ爪キル〳〵刺《シ》ハ一墨
スル〳〵燒《ジヤウ》ハ腕香《ウデカウ》ノヿニテ腕或ハ股ナドニ香ヲ燒キ灸スルガ
如シ香灸トモ云此十條ノワザヲ用ル中ニモ眞僞アルベシト〳〵 ⑰ 愁奪趣

ヲモシロサヲ其ハ人ニトラルヽ〻餘錢ヲ帶ナト云ハ餘ルホド錢ヲ持テ　(十八)謬有意
ユケバ徳ハツカヌモノ餘シテ帶テ帰ルモサモシク見ユルトナリ
妓家ノ常ナレハ氣ヲコロシ追陪《ツイバイ》シテ心ニアラヌ欵待ヲ我ニ意アリト　(十九)虚囂
思フコナカレ又意恩怠惰シテ言語タガヒ者氏全無心トモ定ノガタシドく
虚囂ノ子弟《ムスコ》ハ跌キヤスク尊重ノ妓者ハ　(廿)應馬　馬ト呼ブハ應ルニ牛ヲ以ス
泥黙安静ニノ其情ナツケガタシ　迂濶ニ真ヲ以テユルスベ
カラズトく妓家ニ走《ユキ》テ錢ヲ使フ節使ナスヲ　(廿一)交愈久　人交久シケレバ
手長ト云拉閙テ數至ラズ長ク住テラヌヲ脚短ト云〻　敬衰フ此其本
意自然《ジゼン》ニシカルベシ恩情年ヲ重子深クナルニ隨テ　(廿二)潘安　注解曰潘安
情モ愈密《ミツ》ニナルハ自然ニシテ偽リナラヌニ近シ　ハ司馬晋ノ
義男孔方ハ錢ヲ号《ガウ》ス翼徳ハ蜀ノ張飛性烈《レツ》火《クハ》ノ如クミジカシ味道ハ唐
ノ蘇《ソ》味道其性寛止ニ言ハ財ト貌ト剛ト柔ト相兼テ用レハ我ヲ誹譏
スル人ナシ我ヲ誹《ソシ》ルフナク　(廿三)解往白之仇　讎ヲ解ベシ好ヲ廃スルナト
メ妓モ喜ブベシトナリ　一説タルハ蓋シ章臺ノ門ハ是
非《ヒ》ノ藪《ヤブ》也子弟タルモノ其小キ忿《イカリ》ヲステヽ大概ヲ念フベシ　孤老子
一言合ザレバ悪声ヲ出スフ豈《アニ》嫖《ヘウ》家子ノ所為ナランヤ　(廿四)寄謎　弟来ラ

開巻一

ズ或ハ別處ニ跳槽スルアレハ賫物《サリモノ》ヲ遣《ヤリ》テ謎ヲ以テ情ヲ達スルヿヽ譬バ
炭《スミ》ノ炭《タン》ノ音《コヘ》ヲ假《カ》リテ長キ短キ交ヘソメル炭ヲ遣《ヤリ》長嘆短嘆トナゲキヲ
ヨセ系《イト》ノ系《シ》ノ音《コヘ》ヲ假リテ多少ニツニワケ束《ツカ》子テ千思萬思ノヲモヒヲカ
コツ類ヽ此邦ノ俗男女ノ思ヲ寄ルニ炭ヲ贈テ焦コガル、意ヲ示シイトシキトノ
謎ニ系《イト》ヲ遣ルヿ田舎ニハ今モ行ルヨシ讀《ヨミ》ト音トハ異ヘドモ
用ル處ノ同シキ舉和符合スルヿ情人ハ感スベシ
カヘリチナムヿヽ爐ハ（七六）猱且　猱子ノ飛号《ガウ》ヽ龜婆ハ鴇母ヲ号此ニ説ハ㯮
道、家ノ隱語ヽ　且ニ結ハ縦ヲモシロカラヌ女ニモセヨ其名逐
義龜婆ヲ嫖ハ任ヲモムキアリ氏　跳槽ハ此ニ在ルヿ巳ニ久シテ此ヲ
佳キ名ニアラズトノ示シナリ（七七）跳槽　捨彼ニ適是離情也イツモ如此ナレ
バ賓好ハ求メガタシ。名ヲ好人少姫ノ未笄セザル
者ヲ尚テ交嬿ス是ヲ梳籠ト云虚名ニ過ザルヽ（七八）贈香茶　衆客相對スル
席ニテモ香茶
餅ヲ贈ルハ情アリト知ルヘシ菓ヲ人ニ投ルハ外取訕ニ似テ内ハ
謝ヽ此ニツハ閨門ノ婦人モ亦尚此事アリ蓋シ情ノ使トコロヽ（七九）痴心男
妓ノ我ニ情無ヲ言ニ察シ色ニ見ルヿアタハズ戀ミトメ捨ザルヲ痴心男ト云
是多シ情人ニ髮《カミ》剪《キリ》臙香ヲ焚テモ一旦ニメ他人ニ志ヲウツスヿ水ノ方圓

ノ器ニヨツテ形ヲ變スルガ如シ故ニ婦人ハ水姓ニシテ定見定守ナシト嫖經ニ説《トケ》リ

（三十）彼此各了　旅人孤客ナドハ此ヲ借テ懐ヲ遣《ヤル》妓女ハ鴇兒ニ驅《カラ》レテ此ヲ以テ利ヲ獲ル情ヲ枕席ニ盡セドモ彼ト是ト其事各別シ此一端只知竅ノ者ト説ベシ其人ニ非ザレバ夢ヲカタルガ如シト説ケリ

（卅一）大小皆驚　是ヲ狠虎嫖《ヘウ》ト呼テ温柔郷ノ人ニアラヌ客ナリ僕僮亦喜是和合《ワガフ》嫖《ヘウ》ト呼フ是ラハ鴇児歡ノミナラズ女郎モ悦ブベシト云

（卅二）棄屋借銭　先祖ノ屋ヲ捨或親朋ノ債ヲ借テ義色ヲ貪ル是ヲ痴嫖ト云霜月ヲ重テ他國ニ在リテ一味情ヲ求ル爲ニシテ父母ヲ念ズ帰ルコヲ忘ル、是ヲ苦《ク》嫖《ヘウ》ト云

（卅三）移春　妓ノ他人ト往来スルノ嫌ヲ悪ミ自家獨リ其美ヲ擅ニセント欲シテ女ヲ幽室ニ移シテアソブ古是ヲ小嫁《セウカ》ト謂今包スルト呼フ或呉ニ行ケハ呉ニシタカヘ楚ニ行ケハ楚ニ隨コノ是ヲ遊《イウ》方《ハウ》嫖《ヘウ》ト呼フ絮ヲ逐テ風ニ任ズルナリ

（卅四）銀海　銀海ハ眼ヘ上ノ句ハ眼デ見タバカリノ眼《ガン》嫖《ヘウ》ヲ云下ノ句ハ一目モ知ラヌ女郎ヲ知タヤウニ人前デ説チラシ花街ノ席ハアマリ踏ヌモノハコヲ云是ヲ口《コウ》嫖《ヘウ》ト云

（卅五）老妓開門　老妓門ヲ開キ自ラ客ヲ迎ルハ銭ヲ賺ノ計ナリ老妓鴇兒トナリテ少女ヲ妓トナシ

開巻一笑

テ門ニ當シ　ル　習ヒナルヲ似合ヌ年ニテ自ラ門ヲ　（卅六）一日三番　一日ニ三番走

開キ客ヲ迎フ是ニヨル客ヲ當家嫖ト呼フ

テ尚《ナヲ》脚痒《カユ》キ此ヲ點卯嫖トイフ十日ニ一會半月ニ　（卅七）識趣　風月ノ趣ヲ識リ

一歓朔望ニ神廟ニ参ルガ如キ是ヲ燒香嫖ト呼　絲竹ノ佳音ヲ

賞スルモノ豈獨樂ヿヲ高シトセンヤ必ズ心友ヲ携テアソブ此ヲ敲嫖

ト謂《イフ》内《カ》ヲ愧《ハヅ》ル、故ニ僕夫ヲモ從ヘズ吃醋スルニ因テ友ヲ携ヘズ暮レバ去

朝レハ回ル此ヲ嫖トハ　（卅八）談朋過失　相ヒ好人アリテ其妓ト情厚キ

謂ズ借宿《ヤドカリ》トイフベキ乀　孤老ノ過失或ハ家事不齊ヿ

ヲ揭テヱンリヨセヌヲ逞強嫖ト呼フ人ヨリ賓シト欲シテ　（卅九）懸搨　樂安才ノ太

金錢ヲ惜ミ、又モノヲ閒志嫖ト云テ痴ナリト謂ナリ

守陳蕃徐孺子ガ爲ニ別ニ一榻ヲ設テコレヲ待ス彼去ずハコレヲ　（四十）朝

懸ヲリ。務生酒ヲ嗜ズ楚ノ元王酒宴ヲ置ク毎ニ醴酒ヲ設ク

則茶　茶酒ノ設ヿモ、心ヲ用テ殷勤シ貪ヲ鬪シ愚ヲ　（四一）作道　道ト作ル

救フハ惜人ニマギレナケレドモ是ニサヘ分別アルベシ

ハ看經《カンキン》念佛シテ　（四二）成亀　痴心ノ子弟風月ヲ貪リ事業ヲ顧ズ限リ

來世ヲ脩スルヽ　有ノ錢ヲ以濫リニ無趣ヲ買ントノ遂ニ變ノ

烏龜《ウキ》トナルモノ間多シ風化ニソムケル丁惜ヘシ戒ムヘシ

㊸引玉之碑　玉ヲツリ出サン手サシレニ碑ヲ拋シヽ此邦俗ニ麥飯デ鯉ヲ釣ト云ガ如キコトバナリ

㊹形此ニアツテ心彼ニアルヲ　王ニ對シ趙ニ向ト云フ

㊺抱李　イタクリヲ衾《キン》枕《シン》ノ際失情人ノ名ヲ呼是ヲ李子ヲ抱キ張ヲ呼ト謂フ

㊻迂《ウ》言《ゲン》　迂《ウ》闊《クワツ》ノ話ヲ説《トキ》無形ノ譫ヲ談ズルハ巴ガエメル丁ニアラス門戸中ノ習ナレバ咎ルヿナカレ誓言ヲ蕟香疱ヲ燒ノ類是ヲ強ベカラズ強ハ本心ナラ子ドモ是ヲナスヿ益ナシ其自然ニマカスベシ

㊼子建《シケン》　子建ガ如ク七歩ノ章ヲ成ノ才アリドモ只片時誇《ホコ》ルベキニ足ル若一日モ鄧通ノ錢《セン》貨《クハ》無寸ハ居ルヿ能ハズ是至言シ風月ニ限テ言シヤ

㊽四王　提嫖四王ヲ門ニ入リ來テ大呼小叫規矩ニ循ズ是大王ニ似タリ總坐ニ着テ妓ヲ求メ奴僕ヲ罵ルハ覇王ニ似タリ酒ヲ吃テ眼細ク面赤キハ是閻王ニ似タリ宿錢ヲ少テヨリ影モマタ見ヘズ是逃王ニ似タリ是ヲ四王トス

㊾五《ゴ》虎《コ》　鄙妓ノ五虎初テ妓トナリテ飲食飽ヿヲ知ズコレ餓《ガ》虎《コ》ニ似タリ睡臥《スイグハ》スレバ顛倒ヲ知ラズコレ睡虎ニ衣裳ヲ脱《ヌギ》テ裸ニナレバ是壁虎ニ似タリ孤老ニ問テ錢ヲ要ハ是蠅《ヨウ》虎《コ》ノ如シ冉三年ヲ過テハ就是老虎トナル是五虎ノ稱シ虎ヲ以号ハ恐ルベキモノナルニヤ

四五

原文三　『開巻一笑集』巻二「娼妓述」の影印

（国立公文書館内閣文庫蔵）

娼妓述　　金陵游客

蓋聞好色恒情冶容易溺秦樓柳絮常牽浪子
之心楚館蕣華能蕩富翁之産脱非識透煙花
隊裏根苗焉能不墮挑李叢中圈套貪夫養女
七八歳重價貨與娼家老鴇受錢十三四梳櫳
包於嫖客倚門賣俏而媚比封狐對客調情而
機深穽虎夏不耕秋不穫全憑調脂弄粉以作
生涯冬不繿春不織惟靠舞榭歌臺做成門面

吹玉簫而敲象版聾人耳的淫聲張翠幰而披
霓裳昏人目的邪色若是門無俊客便請五行
人燒利市截門檻百計祈禳幸然室有佳賓就
同姊妹們點湯水理絲桐千方挽住乍相逢茶
罷後笑欣欣嬌着聲兒問云相公高姓仙鄉何
處今日得見也是我的前緣久已後被窩中氣
吁吁蹙着額兒便云家計艱難媽値生日這樣
事情不好與你説得人叢裡眉來眼去裝做嬌

意嬌容客背後附耳低聲點綴知心妖態稱贊
你們知趣見面常談賣弄自己眞心出口熟套
倘遇喜奉承的孤老則花言巧語贈香茶投珍
果總是哄東西的危機若逢受風顛的俠兒則
詐怒佯嗔抓指痕打拳頭莫非騙貲財的巧計
還有一班粉頭絮叨叨説道某人與姐姐做衣
服某人與姐姐打首飾這個姐夫曉得不須提
起又有一箇後生口喃喃説道某人要請姐姐

遊山某人要請姐姐玩景只因相公在此一倒
都回日起小閣開筵一任倚翠偎紅直飲到月
轉三更猶說意還未暢那管夫竭了青年子弟
的精神夜闌繡幃共枕但憑顛鸞倒鳳直睡到
日高三丈却嫌情正未舒那管味乾了白面郎
君的骨髓寄信寄書乃發催錢之檄贈巾贈扇
眞抛引玉之磚剪頭髮豈不惜香雲是索鈔的
青絲細縷燒臂香豈不耍我質是釣財的火練

鋼鈎要守鸞儔惱鴇兒拘束屢約私奔痴風漢
錯認了至誠心焉知窄小弓鞋奚能挾重貲而
踔遠願諧鳳卜恨龜子作難每尋懸縊易心郎
却信了眞消息誰知妖嬈尤物胡肯向蓬草以
沉埋富賈思歸則愈加繾綣分袂處淚蘇蘇不
怕濕了白司馬青衫情郎財盡則日漸冷淡上
門時眼睜睜何怪拂了潘茂才大袖朝爲張郎
婦暮作李郎妻安有半點兒禮義廉耻之良心

午件越商眠未同燕客臥全沒一些兒羞惡是
非之眞意屢屢呼茶甚急願堂上之速行頻頻
喚酒不來厭房中之久坐巫山雨罷重勻粉以
調絃洛浦雲收再捲簾以獻笑結並頭蓮於終
夜馬上揚鞭效比翼鳥於片時江中撒溺便包
月背地裏別抱琵琶縱從良轉身時更調琴瑟
甚者歡笑未終意懸懸常恐失迎了過門的浪
蝶狁穠綣繾心岌岌又愁挫過了會房的游蜂

正如鬧市裏的尿桶人人可溺恰似陸路上的
奇貨個個可騎更有科子名色也習衍衍行藏
之是丈夫的生計大貧定因婦人的淫慾太濫
彼本良家而甘爲淫賤或由宦族而罔識耻羞
此皆極賤而可惡至穢而可醜者也柰何騷人
墨客每借譽於詩篇學士鴻儒或啓寵於杯酒
好音悅耳共忻嬌鳥之鳴春毒羽腐腸罔解妖
嬈之媒祟卒致擔水塡井以供樂事萬鎰之鏹

云亡披霜帶月以慇歡娛千金之軀不保不思
年少嬌娘便是淡掃蛾眉咸稱雅素長年老妓
總然濃粧塗抹共笑壘堆半腰裏家業蕭條鳳
頭簪賣了繡羅衣典了無攏佈去打抽豐不辭
登山而涉水追思昔日的簫鼓畫船昌勝嗚咽
下稍來生計淡薄賃房錢緊催賒店帳坐催没
柰何只得趕集未免追東而逐西遥想曩時的
門前鞍馬能不悲傷倘削髮而爲比丘尼色即

是空設出家而爲女道士强名曰道倒不如嫁
作商人婦也脱得翠袖風塵又不如做箇老鴇
兒正可握紅裙轄鎖如有年正青春而二竪難
作醫之青囊而一命頓傾一條藁薦兮便是送
終的棺木千仞深淵兮乃是葬身的墳塋

原文四　『開巻一笑集』巻二「娼妓賦」の影印（国立公文書館内閣文庫蔵）

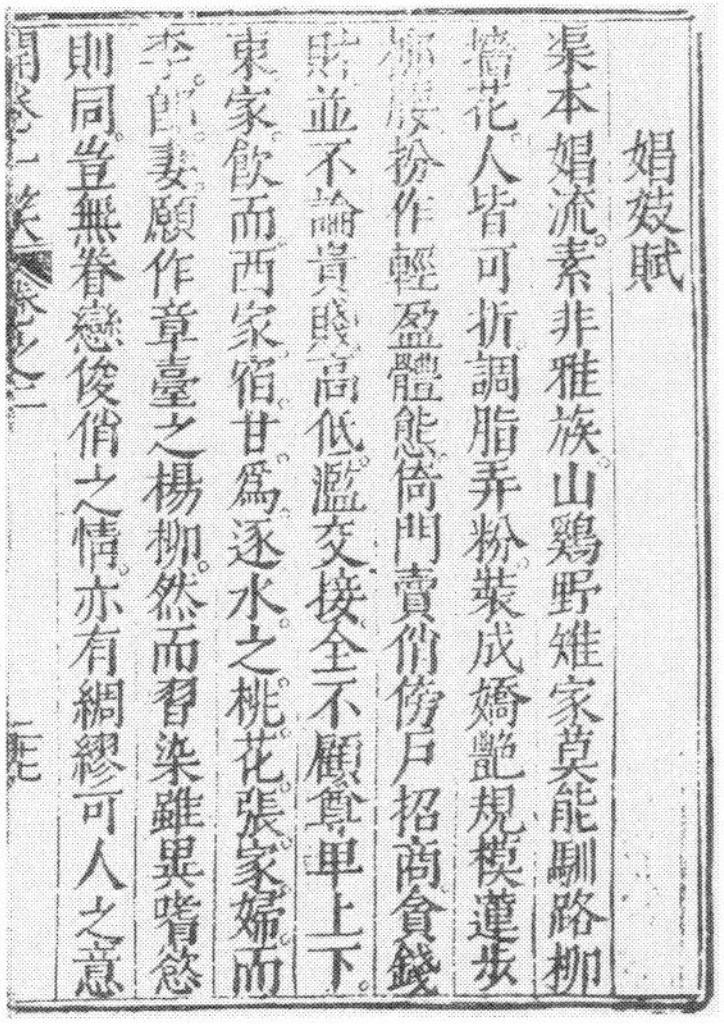

娼妓賦
渠本娼流素非雅族山鷄野雉家莫能馴路柳牆花人皆可折調脂弄粉裝成嬌艷規模蓮步娜腰扮作輕盈體態倚門賣俏傍戶招商貪錢財並不論貴賤高低濫交接全不顧尊卑上下東家飲而西家宿甘爲逐水之桃花張家婦而李館妻願作章臺之楊柳然而習染雖異背慾則同豈無眷戀俊俏之情亦有綢繆可人之意

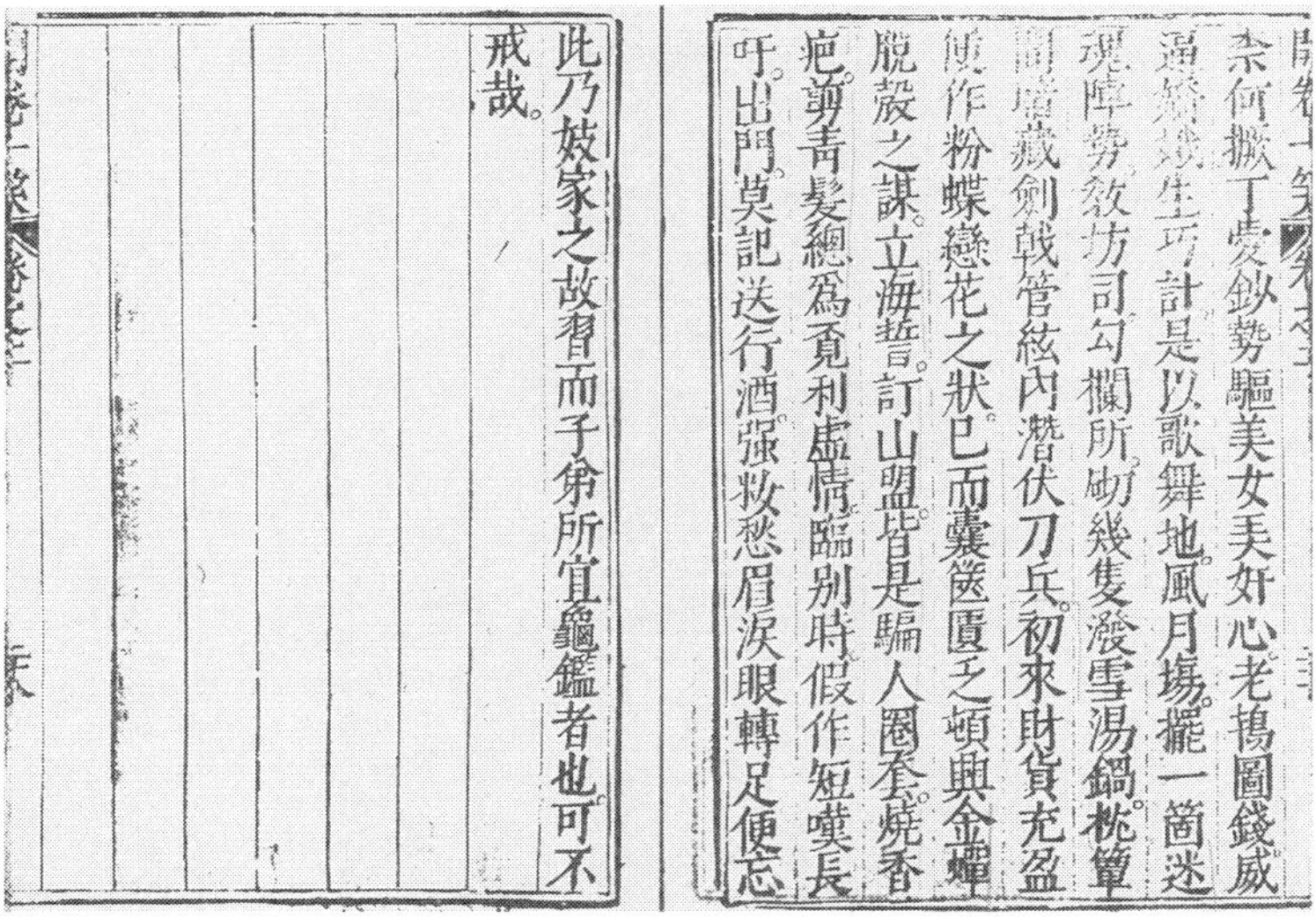

柰何撇丁愛鈔勢驅美女美奸心老鴇圖錢威逼嬌娥生巧計是以歌舞地風月場擺一箇迷魂陣勢教坊司勾欄所砌幾隻潑雪湯鍋枕簟闘場藏劍戟管絃內潛伏刀兵初來財貨充盈便作粉蝶戀花之狀已而囊篋匱乏頓興金蟬脫殼之謀立海誓訂山盟皆是騙人圈套燒香疤剪青髮總爲覓利虛情臨別時假作短嘆長吁出門莫記送行酒强妝愁眉淚眼轉足便忘

此乃妓家之故習而子弟所宜龜鑑者也可不戒哉

解題に代えて

日用類書と明清文学――『風月機関』をめぐって――

はじめに　日用類書と明清小説

日用類書は明末清初のころ最も盛んに出版された。この時期はまた、小説・戯曲・詩歌などの文学が盛んな時代でもあった。さらに日用類書もこれらの文学作品も、双峰堂（余文台）・喬山堂・種徳堂・師倹堂・宗文堂など福建の建陽の書坊から刊行されることが多かった。謝水・李珽の『福建古代刻書』に記されるところである。この日用類書は「世間の事柄、日用の必要をことごとく網羅した」（余象斗『三台万用正宗』引文）と称するように、四民の日常生活の手引き書を志向するものであった。一方このころの文学作品には、『金瓶梅』『三言二拍』『岐路燈』などに代表されるような、多様な階層の人々の日常生活が描かれた文学作品が作られたことに特色がある。この点で両者には互いに通じ合うものがあったといえよう。以下このことを具体的に指摘することによって、明末清初の文学作品の理解を深め、併せて日用類書の今日的な意義の一端を明らかにしたい。

一　日用類書の『風月機関』

明末清初の日用類書には、多くの場合『風月機関』という書が収載されている。『中国日用類書集成』（汲古書院刊）六種によって指摘すると、

①『五車抜錦』巻三十風月門下層の青楼規範に『風月機関』本文と注十三葉

②『三台万用正宗』巻二十一商旅門の上層に『青楼軌（規）範』（『風月機関』の語なし）本文と注二十八葉

③『万書淵海』巻三十六風月門の下層に『風月機関』本文と注六葉
④『五車万宝全書』巻十風月門（風月門の語は本文部分になし。目録による）の下層に『風月機関』本文と注九葉
⑤『三台万用正宗不求人』巻二十三風月門類の下層に『風月機関』本文と注十四葉
⑥『妙錦万宝全書』巻三十四風月門の下層に『風月機関』本文と注十五葉

これとは別に、『新鐫群書摘要士民便用一事不求人』（関西大学所蔵）巻十九では、『花柳機関』の名で、本文と注十葉が下層に収載されている。この本は目録には門名があり、巻十九は「風月門」で、その下に『風月機関』の名がある。しかし本文には二十巻全て門名がなく、巻十九にも「風月門」の門名がなくて、下層は『花柳機関』から始まる。つまり『花柳機関』イコール『風月機関』ということになる。本文は基本的に同じだが、注は繁簡不同である。

『風月機関』は日用類書以外にも、『李卓吾先生開巻一笑集』上巻二に収められているが、ここには注がなく、本文だけである。明末の凌濛初『初刻拍案驚奇』巻十七に、「『霊宝道経』や『紫霄秘籙』には目もくれず、ひたすら読むのは『風月機関』と『洞房春意』だけ」と描かれる堕落道士が登場する。『洞房春意』は日用類書の風月門に『風月機関』とともに収められる房中薬の処方の書である。明の晁瑮父子の『晁氏宝文堂書目』巻中・子雑には『風月機関集』の名が見られ、書名からして、『風月機関』とイコールと推測される。つまり『風月機関』は明代には広く知られていたと見ることができよう。

二　『嫖賭機関』と『嫖経』

『風月機関』とよく似た内容の書に『嫖賭機関』がある。東京大学東洋文化研究所と台湾の中央研究院歴史語言研

究所に各一本蔵せられているが、前者は写本で後者は刊本である。写本には書写の時期も書写をした人物名も記載がない。刊本には封面の中央に「嫖賭機関」と大書し、右上に「江湖散人輯」、左下に「徳聚堂梓」と小書されている。刊記はなく、刊行年は不明。両書とも東京大学東洋文化研究所の大木康教授のご教示によるものである。

内容は両書間に多少文字の異同はあるものの、基本的には同一で、ともに上巻冒頭に「昭陽元甫沈弘宇述」と記され、上下二巻からなる。東文研本は上巻が五十五葉、下巻が二十三葉、中央研究院本が上巻七十二葉（落丁・錯簡がある）、下巻が七葉で大幅に異なっているが、しかしこれは中央研究院本のコピー作成時のミスか、その後の事故かによるもので、第八葉からの部分も存在していると思われるが、現時点では確認できていない。

内容的には上巻が嫖論、下巻が賭論で、妓楼遊びの部と賭博の部から成っている。この上巻の嫖論の「論幇閑並十二嫖」や「論焼」「論剪」「論刺」「論走」「論死」「論哭」「論嫁」「論娶」などが、項目名で『風月機関』と共通するが、文章や内容は異なる。明清期にこのような分野で、類似の内容の書が存在していたことが、これによって知られる。

『風月機関』は上述のごとく『李卓吾先生開巻一笑集』巻二に収められていて、この船載本が国立公文書館内閣文庫にあり、和刻本が浪華の称觥堂・揚芳堂から刊行されているから、わが国でも読まれたらしい。近路行者『繁野話』第五巻上の「江口の遊女薄情を憤りて珠玉を沈むる話」に、「花柳に遊ぶもの、趣を得て早く身を抜くといふこと嫖経の聖言なり」と用いられていることが指摘されている。

ただこの「嫖経」というのが、いささかはっきりしない。「趣を得て早く身を抜く」が『風月機関』の「得趣便抽身〔注〕伶俐之士、豈肯久貪、纔得其趣、便抽身、謂之乖嫖（利口なものは長く貪ることなく、その趣を得たらすぐに身を引くもので、これを乖嫖〈上手な女遊び〉という）」によることは確かだが、「嫖経」が女郎買いの手引き書の意で、具体的には『風月機関』の類を指し、必ずしも異名同書ではないと理解するのならわかるが、果たしてそれでいいのか。

というのは、『晁氏宝文堂書目』巻中・子雑に『風月機関集』とは別に『迷魂陣飄経』というのが記されているからである。「迷魂陣」は妓楼のこと（『全明散曲』第一冊王九思「聞言自警」に「休将這臨老身、浪走入迷魂陣」とある）で、「飄」は音も意味も「嫖」に同じだから、『迷魂陣飄経』イコール『嫖経』で、『風月機関』とは別に『嫖経』という書があったらしいからである。事実、明の徐霖（一説に作者不明）『繡襦記』伝奇第四齣に「打者是愛」「打是愛」、明・無名氏『霞箋記』伝奇第八齣に「打情罵趣」、無名氏の小説『霞箋記』巻二に「打是親、罵是愛」とあり、いずれも『嫖経』の中の語だと述べられている。しかし『風月機関』からは、そのままの表現では見出すことができない。

ただ『風月機関』の「走死哭嫁守、饒仮意、莫言易得。抓打剪刺焼、総虚情、其実難為」の箇所の「打」の注に、「打者有訕打、有耍打。訕打者、乃厚中奪趣之所為。孤老入門、揪耳問曰、連日如何不来。又在那家行走。一一従頭与我招出。挙頭剛歇、巴掌又随。変臉越打、陪笑則休也。……（打に訕打と耍打とがあり、訕打は愛しているのに裏切られたときのしぐさ。客が部屋に入ると耳をつかんで「毎日どうして来ないのよ。どこの家に行ってたのさ。全部はじめから白状なさい」と、げんこつが止むと、次ぎはびんた。むっとすると一層ひどくなり、笑ってなだめると収まる）」という箇所がある。

内容的には両者は通じ合うが、表現自体は異なっている。その点をどう考えるかによって、『嫖経』が、『風月機関』の別名なのか、『風月機関』の類の別の書なのか、それとも書名ではなくて妓女遊びの手引き書一般の意なのかに分かれよう。今のところ、決め手がないので、ここではこれ以上立ち入ることはしない。

三　『風月機関』の内容

「風月機関」は妓楼のからくり、妓楼の仕組みの意で、妓楼の鴇母（やりて婆）の運営の手口、妓女の客のあしらいかた、それに対応するための嫖客の心得、などを具体的に列挙したもので、日用類書所収本には注釈が施されている。これを見ると、明代の大都市の妓楼の仕組みを知ることができるし、さらに嫖客の階層や職業、嫖客・妓女・鴇母の思考形態・行動様式や、そのような世界を生み出した社会的背景まで見えてくるような思いにさせられる。以下その一端を理解するために、『三台万用正宗』巻二十一商旅門所収の『風月機関』から、ごく一部分をピックアップして紹介する。【一】【二】の分類も見出しも原本にはなく、筆者が仮に付したものである。注は省略したが、必要に応じて『三台万用正宗』の注によって簡略化して付した。

【一】嫖客・妓女・鴇母

○初耽花柳、最要老成、久歴風塵、豈宜熟念。（花柳界の遊びを始めたら、老成が重要である。遊郭に遊び慣れたものでも、これを心に留めておくように。〔原注〕妓女遊びを始めた人は、老成が必要で、そうすれば狡猾な芸者も軽蔑しない。遊郭の客となって久しいものでも、若者のまねをしてへらへらしゃべりまくったら、妓家で軽薄野郎とみなされる。）

○欲買其心、先投所好。（妓女の心をつかむには、まずその好むものを与えよ。）

○村客遇俏姫、而俏姫情不在。中人請下妓、而下妓心反専。（田舎者の客が美妓を買おうとしても、相手にされない。中等の客が下等の妓女を求めると、心から尽くしてくれる。）

○小信勿失、私語当聴。（信も失うなかれ、私語も聴くべし。）

○誇己有情、是設挣家之計。説娘無状、預施索鈔之方。（「あなたを愛しているは」金をもうける計略、「お母さんがひどいのよ」は金を搾り取る方法。）

○莫以勢圧、当以情親。（権勢で威圧するな、情で親しくせよ。）
○頻頻呼酒不来、厭房中之久坐。畳畳呼茶甚急、願堂上之速行。（しばしば酒が催促されても出てこないのは、部屋の長居を嫌っているから。重ね重ね茶がせかされるのは、早く座敷から帰ってもらいたいから。）
○口頭寄信非無意、眼角伝情実有心。（口で伝えるのは真意でない。目で情を伝えてこそ心がある。）
○三年一歳添、半載両誕遇。（〔妓女は〕三年で一つ年取り、〔やりて婆は〕半年で誕生日が二回来る。〔原注要約〕妓女は年を若く偽って客を呼び、やり手婆は誕生日を増やして祝儀をせびる。）
○最要鴇歓、豈惟猱悦。（とりわけ重要なのは、やり手婆を喜ばすこと、妓女を喜ばすだけではだめ。）
○堆垜入秦楼、経営遊楚館。（金銀を積んで遊郭に入り、商売をして妓楼に遊ぶ。〔原注要約〕高い金を積んで妓女の歓心を買って惜しまないのを死嫖という。客商となって世間をさまよい、時には気晴らしで妓館に遊び、風流のつけを払うのを江湖嫖という。）
○酒筵逢歌唱、勿久他談。妓館挟朋遊、休言交易。（酒宴で歌唱が始まったら、おしゃべりは続けるな。妓館に友人と遊んだら、交易の話は止めよ。）

【二】妓女対客十箇条

『風月機関』の注に「妓為孤老条目有十」（妓女対客十箇条）がある。上述した「走死哭嫁守、饒仮意、莫言易得。抓打剪刺焼、総虚情、其実難為」に施された『三台万用正宗』の注で三葉六頁に及ぶ長文のものである。本文部分「走死哭嫁守は口たとえ、にせだとしても易しいこととは言えない。抓打剪刺焼は、たとえうそだとしても、実際は困難である」の「走死哭嫁守抓打剪刺焼」を解説したもので、妓女と客の関係の最重要部分をなし、『風月機関』の中心とも言えよう。簡単に説明すると以下のようである。

「走」は駆け落ちすることで、「情走」（ほんとの駆け落ち）と「計走」（にせの駆け落ち）がある。「死」は心中することで、「真死」（ほんとの心中）と「口死」（口先のだけの心中）がある。「哭」は別れを惜しんで泣くことで、「情哭」（心から泣く）と「貪哭」（金品目当てに泣く）がある。「嫁」は結婚することで、「真嫁」（ほんとに嫁ぐ）と「暫嫁」（口先だけの結婚同意）がある。「守」は操を立てて他の客を取らないことで、「自守」（自発的な守節）と「逼守」（強制された守節）がある。「抓」は客の顔をひっかいて傷をつけたり、項に愛咬の跡をつけたりすること。「打」は立腹して客を打つことで、「訕打」（愛があるからこそ怒って打つ）と「耍打」（愛がなくて憎しみから打つ）がある。「剪」は頭髪を剪り取って客に贈ることで、「真剪」（愛のあかしとして髪を剪る）と「拒剪」（ほんの形だけ一度髪を剪る）がある。「刺」は客と妓女が腕や股に入れ墨をすること。「焼」は客と妓女が腕や胸に、もぐさに見立てた香で灸をすえるように焼いて火傷の痕つけることで、「単焼」（男女のどちらか一人が焼く）と「双焼」（香を男女の腕の間に置いて焼く）、「復焼」（前の火傷が癒えないうちに再度焼く）、「妬焼」（新しい客の嫉妬を避けるために、前の客のための火傷あとを消してから、新に焼く）、「合同焼」（男女が抱き合って虎口〈親指と食指の間の湾曲部分〉に香を置いて焼く）、「豆瓣焼」（男女が腕や胸を併せ、その間に香を置いて焼く）、「鼎足焼」（香を三箇所に置いて焼く）、「桌足焼」（未詳－小川）「梅花焼」（火傷の痕が梅の花の形になるように焼く）、「全粧焼」（香をたっぷり使って焼く）、「騙焼」（客の気を引くために焼く）、「村焼」（田舎風。足に香を置いて焼く。脚気が治る）、「無情焼」（皮膚がただれ骨まで見える残酷な焼きかた）、「万星拱月焼」（女の胸の一箇所に多量の香を置き、その周囲に何箇所も少量置いて焼く）、がある。

四『風月機関』と明清文学

明清の文学には妓女や妓楼が描かれることが多い。世情小説や才子佳人小説ではとくにそうであるし、戯曲もそれに類する。『三言二拍』では、題材の三分の一が妓女を含む色恋、三分の一が金銭がらみ、残りの三分の一がその他、といえそうなほどである。

そんな情況の中で『風月機関』が、直接的に或いは間接的に、関わっている作品がありそうなことは想像される。事実、元・関漢卿『救風塵』第四折の周舎と趙盼児のやりとりの場面に、明・徐霖『繍襦記』伝奇（明・毛晉『六十種曲』所収本）第十一齣・十三齣に、清・無名氏『金雲翹伝』（『古本小説叢刊』第二十三輯所収本）巻二の秀媽が翠翹を妓女にしようと説得する場面に、明・馮夢龍『醒世恒言』巻三「売油郎独占花魁」の劉四媽が美娘に従良（妓籍を抜いて結婚する）を説く場面に、それぞれ見ることができる。また明・薛論道に妓女・嫖客に関する散曲が多数あるが、特に「走死哭嫁」「章台自警」（『全明散曲』第三冊所収）は『風月機関』と関係が深い。明・馮惟敏の散曲「四誓」（同第二冊）もそうで、「四誓」では「翦髮」「爇香」「刺臂」「申盟」を詠じている。以下『繍襦記』伝奇の場合を指摘して、その一端を示したい。

『繍襦記』伝奇第十一齣に、受験のために上京した鄭元和が、妓女の李亜仙に心を奪われて妓楼に住み込んでしまい、心配した旅館の主人・熊仁が、鄭元和に付き添ってきた教師の楽道徳と二人で忠告する場面がある。李亜仙は真心からおれを愛しているのだと言い張る鄭元和に、二人があれは妓女のだましの手口「哄人機関」だと言う。

〔鄭元和せりふ〕あれはおれに誓いをたてて、手を香で焼いて大きな火傷の痕を作ったぞ。……

〔楽道徳うた〕あいつが香で腕を焼き、皮膚に火傷の痕をつけ、胸・虎口・下腹部と、二三十箇所になろうとも、あなたのためにするのでない。たっぷりお金をだまし取ろうとすればこそ、この誓約・苦肉・焼香の計を使うのだ。〔せりふ〕これが苦肉の計でございます。

〔鄭元和せりふ〕やりて婆が厳しいので、走（駆け落ち）してくれと言ったぞ。これでもだましていると言うのか。

〔熊仁せりふ〕いよいよ嘘です。信用なさるな。

〔鄭元和せりふ〕あれはおれのために、何度もやりて婆に腹を立て、一緒に死のうと言ったぞ。

〔熊仁うた〕陰では嫌い表では悲しげな顔をして、結ばれるご縁がないなら、首を吊って死ぬという。思えばみんな金のため。沢山見もし聞きもした。一人も本物いなかった。

〔楽道徳せりふ〕ご主人はいいことを言う。ありがたいことだ。

〔鄭元和せりふ〕おれが一日行かなかったらひどく哭いてたぞ。あの涙が嘘なものか。

〔楽道徳せりふ〕おぼっちゃまはご存じない。一日いらっしゃらなければ、それだけ金が入らない。こんなお金持には、誰だって哭きますよ。

〔熊仁せりふ〕楽先生のおっしゃることはごもっとも、ごもっとも。

〔楽道徳うた〕金が欲しくて、涙を流し、眉をしかめてたらしこむ。流す涙のはらはらと、悲しい顔で迷わせる。

楚の虞美人にそっくりで、項羽でさえもだまされる。

〔鄭元和せりふ〕涙流して悲しんでいる。嘘なものか。

〔楽道徳せりふ〕あなたのために哭くのではなく、お金のために哭くのです。

〔鄭元和せりふ〕おれに嫁ぎたいと言ったぞ。

〔楽道徳せりふ〕死のうと言うならまだいいが、嫁ぐと言ったら大変だ。家を傾け破産するか、命を失い身を滅ぼす。

〔鄭元和せりふ〕そんなことがあるものか。すこし歌がうまいのは、みんな従良しているぞ。

〔楽道徳せりふ〕従良は、すきでするのではなく、しかたなしにするのです。借金に追いつめられるか、役人にいじめられるか。やりて婆に叩かれ怒られいじめられて、嫁ぐ気になる。一時の気まぐれ、真心からではありません。


この場面のやりとりが上述の「走死哭嫁守、饒仮意、莫言易得。抓打剪刺焼、総虚情、其実難為」及びその注「妓女対客十箇条」と同内容であることは明らかであろう。更に第十三齣のやりて婆賈二媽と李亜仙の会話にも、同様の指摘ができるが省略する。

おわりに　日用類書の『風月機関』の意義

上述のように、『風月機関』を見ることによって、明代の妓楼の様子の理解を深めることができ、さらに妓女や妓楼を描いた作品の理解も深めることができた。この『風月機関』はこれまでも、『開巻一笑集』で見ることはできたが、このテキストには注が施されていないために、妓楼という特殊社会の特殊用語や隠語までは理解が行き届かず、難解な箇所が少なくなかった。その点、注をそなえた日用類書所収のテキストの出現は役に立つ。日用類書は粗雑な作りのものが多く、書誌学的な信頼性には問題があるけれども、日用類書に依ってしか見られない書を提供してくれる点では大きな意義があるといえるだろう。以上、日用類書と明清文学の関わり合い、別の言い方をすれば、日用類書の持つ明清文学研究における意義について、備注『風月機関』を取り上げて指摘した。

（小論は平成十五・十六年度科学研究費特定領域研究「東アジア出版文化の研究」の成果の一部である）

【補注】脱稿後、坂出祥伸氏の指摘で、王爾敏『明清時代庶民文化生活』（中央研究院近代史研究所専刊七八、民国八十九年）第九章に『風月機関』に言及のあることを思い出した。そこには、①高羅佩（Robert H.Van Gulik）『秘戯図考』に日本・毛利家蔵の春宮図『風月機関』二十幅の存在が指摘されていること、②『新刻搜羅五車合併万錦不求人』に「風月機関」が収載されていること、③『新刻艾先生天禄閣彙編採精便覧万宝全書』に『嫖家真窽』が収載されていること、が述べられている。①は未見、②は上述の通り、③の『万宝全書』は内閣文庫・蓬左文庫・関西大学に所蔵されており、『嫖家真窽』はその巻三十五に収載されている。内容は『嫖賭機関』からの抜粋。清初の『増補万宝全書』巻十五にも収められるが、更に簡略になった。

【附注】明末に、晉から明に至る一八二人の青楼の妓女の詩詞曲を集めた『青楼韻語』なる書が出現した。その詩詞曲の排列の仕方が、百数十箇条からなる『嫖経』本文の排列に従い、それぞれ該当箇所に配置されていることを、本稿刊行後に知った。その『嫖経』の本文が、上記の明代日用類書所収『風月機関』の本文と順序も文字もほぼ一致しており、『嫖経』と『風月機関』とが、実態として同一書であることが判明した。

具体的にいうと、民国三年四月に上海の同永印局から刊行された明・朱元亮輯註、明・張夢徵彙選『青楼韻語』活字本（九州大学附属図書館六本松分館所蔵）には、冒頭の「明刻秘本青楼韻語凡例」（丙辰〔万暦四十四年・一六一六〕上元日、六観居士、張夢徵識）のなかに、「『嫖経』は旧人の作るところ」「彙語（妓女たちの詩詞曲などの韻文）は『嫖経』を綱（排列の規準）とし、その上に◉印を加え、注釈には▲印を加え……」とあり、本文部分もその通りになっていて、まず最初に「『嫖経』の本文」、次に朱元亮の注釈（明代日用類書所収『風月機関』の注とは別）、次に妓女の詩詞曲が配される。本文と注釈だけで、詩詞曲が配されなくて、「詩詞無」とされる場合も少なくない。この『嫖経』の本文とされる部分が、現存の明代日用類書所収『風月機関』の本文とほぼ一致する。『青楼韻語』の「注釈は朱元亮先生の名筆に係り、旧注は俗ならざるものは備録」（青楼韻語凡例）してはいるが、ごく少量で、『風月機関』の注とは別である。これにより、『嫖経』と『風月機関』が本文では同一内容で、『嫖経』イコール『風月機関』である、いうことになる。ただこの凡例の前に、在杭子（謝在杭〔肇淛〕か）など数人の序文等を掲げているが、そのどこにも『風月機関』の文字が見出されず、これをどのように理解したらよいのか、釈然としないものが残るが、それは今後の課題としたい。

『青楼韻語』については、九州大学の合山究教授のご教示と資料提供を賜った。心より感謝もうしあげる。

（元載『汲古』第47号、二〇〇五年六月）

あとがき

平成十六年十月に汲古書院の『中国日用類書集成』全十四巻の刊行が完結した。その過程で編集者の一人として、明末の日用類書の成立の事情の考察を行った。そのころ、これとは別に、文部科学省の科学研究費特定領域研究「東アジア出版文化の研究」（平成十三～十六年度）の一環として、明清期における民間出版社の書物の編纂方法の調査研究に従事していた。その作業の途上でも日用類書を取り上げ、『風月機関』が同一の本文に別の注を施して、異なる出版社の日用類書のほとんどに収載されて刊行されていることを知った。これは編纂方法という出版文化に属する外的な問題として興味深いことであった。同時に興味を覚えたのは、この〝遊郭のからくり〟という遊郭案内書のもつ大衆性という内容であった。そこでは、花魁といわれる高級妓女と高官の子弟や有名文人にかかわる戯曲・詩文と趣を異にして、場末の名もない妓女と商人や田舎者が想定されていた。大衆の生活百科事典を標榜する日用類書の性格を見る思いがした。

『風月機関』のこのような側面に関心を寄せていた折、東京大学の大木康教授から、『嫖賭機関』という、芸者遊びと賭博の手引き、ともいうべき書の情報を賜った。当時、大東文化大学大学院文学研究科に在籍中の仙石知子女史の仲介によるものだった。この前編の「嫖論」に『風月機関』と共通する部分のあることは、拙著の「訳者注」に指摘したとおりで、『嫖賭機関』と『風月機関』とはよく似た内容のものだった。この書を併せ考察することで『風月機関』の理解を深めることができた。

筆者は旧中国の遊郭や妓女には不案内で、その方面の考察は敬遠してきた。しかし明清の文学ではあまりにも重要な題材やテーマで、敬遠してばかりはいられなくなり、その突破口として『風月機関』の訳注に取りかかった。九州大学の合山究教授から手ほどきや資料の提供を受けた。『青楼韻語』のコピーまで頂戴した。にもかかわらず、十分に活用しきれなかったことが心苦しい。

汲古書院の石坂叡志社長には無理にお願いして刊行をお引き受けいただき、小林詔子女史には丁寧な編集と校正をしていただいた。

拙著がなんとかこのような形を見ることができたのは、各位のご支援があったからこそである。心より感謝申し上げる。

著者略歴

小川　陽一（おがわ　よういち）

1934年新潟県生まれ

東北大学名誉教授

文学博士

著書

『三言二拍本事論考集成』（1981年・新典社）

『日用類書による明清小説の研究』（1995年・研文出版）

『中国の肖像画文学』（2005年・研文出版）

『中國日用類書集成』（共編及び解題、2004年・汲古書院）ほか

明代の遊郭事情　風月機関

平成十八年三月三日　発行

著　者　小川陽一

発行者　石坂叡志

整版印刷　富士リプロ

発行所　汲古書院

〒102-0072　東京都千代田区飯田橋二-五-四

電　話　〇三（三二六五）九七六四

ＦＡＸ　〇三（三二二二）一八四五

ISBN4-7629-2761-9　C3098

KYUKO-SHOIN, Co., Ltd. Tokyo.

中國日用類書集成　全十四巻

●未開拓の貴重資料―明代日用百科事典を初めて影印集成

筑波大學名譽教授　酒井忠夫　監修
關西大學名譽教授　坂出祥伸
東北大學名譽教授　小川陽一　編

中國の日用類書は早くには元代に『新編事文類要啓箚青錢』があり、明代以降福建地方を中心に出版され民間に流通した。これに着目し法制史資料として活用されたのは故仁井田陞博士で、ついで酒井忠夫博士が教育史に、最近では小川陽一博士がこれまで不明とされてきた『金瓶梅』など小説中の語彙を解明し、坂出博士も醫書等の部門について明らかにした。

これらは官撰書と異なり民間の日常生活に必要な言葉や事項を繪入りで解説する實用書であるから通行書では得られない多くの資料を豐富に提供する無限の寶庫である。

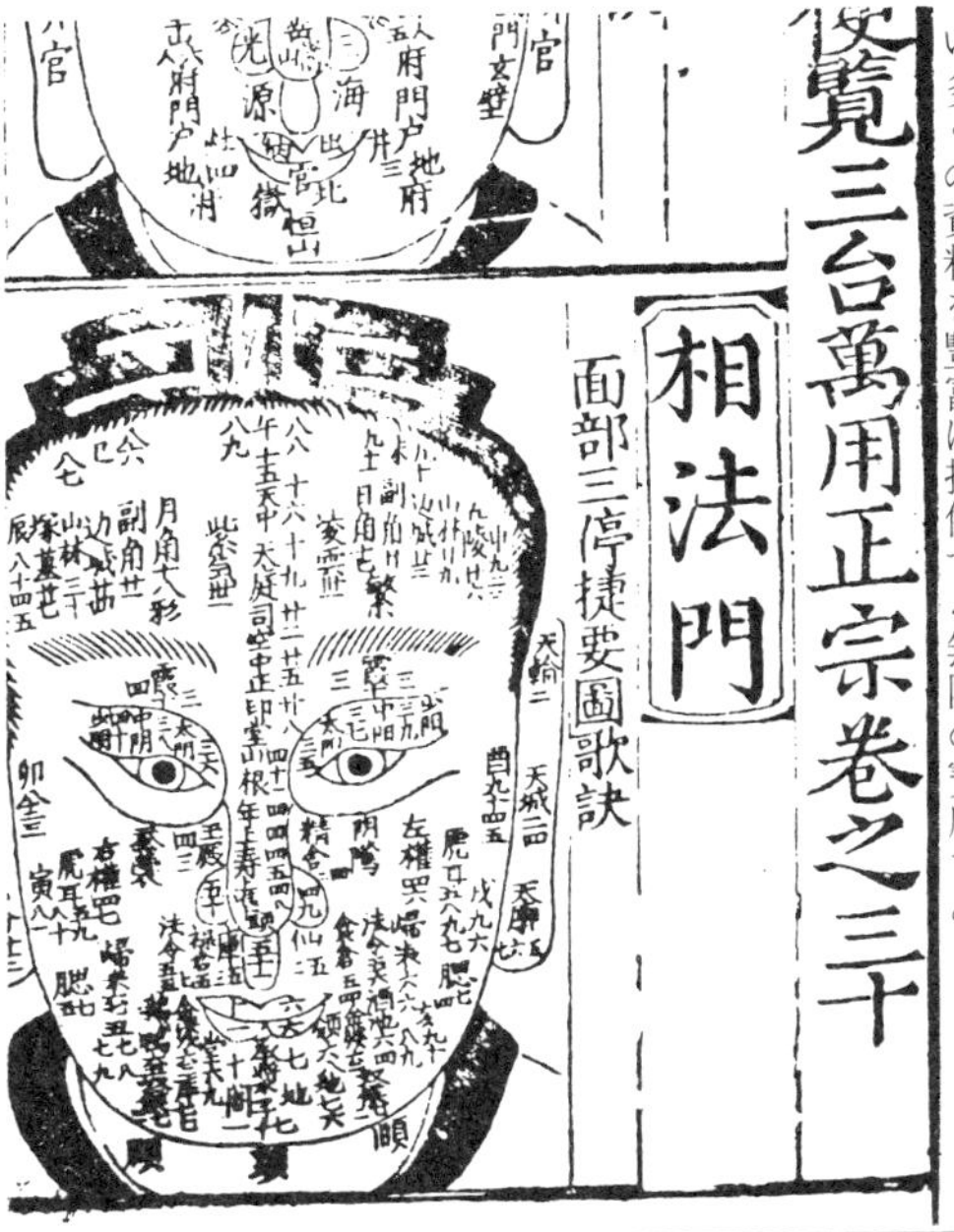

◇收錄內容

第一巻　序（酒井忠夫）・解説（坂出祥伸）・**五車拔錦①**
第二巻　**五車拔錦②**・五車拔錦解題（小川陽一）
第三巻　**三台萬用正宗①**
第四巻　**三台萬用正宗②**
第五巻　**三台萬用正宗③**・三台萬用正宗解題（小川陽一）
以上東京大學東洋文化研究所仁井田文庫所藏本
第六巻　**萬書淵海①**
第七巻　**萬書淵海②**・萬書淵海解題（小川陽一）
以上尊經閣文庫所藏本
第八巻　**五車萬寶全書①**
第九巻　**五車萬寶全書②**・五車萬寶全書解題（小川陽一）
以上宮內廳書陵部所藏本
第十巻　**萬用正宗不求人①**
第十一巻　**萬用正宗不求人②**・萬用正宗不求人解題（坂出祥伸）
以上陽明文庫所藏本
第十二巻　**妙錦萬寶全書①**
第十三巻　**妙錦萬寶全書②**
第十四巻　**妙錦萬寶全書③**・妙錦萬寶全書解題（坂出祥伸）
以上建仁寺兩足院所藏本

▼A5判上製箱入／平均約600頁／定価各13650円／揃定価191100円
▼ISBN4-7629-1201-8〜1214-X